【報亭】 此為進正殿拜祭倉頡聖師的報到之處，未進殿已可感氣勢恢弘，只嘆牆上文字遭破壞而難以辨識。

謝宗和老師（前排正中）領入門弟子前往陝西省白水縣史官鄉拜見倉頡祖師爺，當地官員亦同感欣喜之情。

【倉聖鳥跡書碑】淮南子書云，倉頡作書，天雨粟，鬼夜哭。後傳為穀雨，此日實為倉聖出生之時。

【清 倉聖鳥跡書碑】此二十八字倉聖所書鳥跡文碑，為清乾隆十九年(1754年)所立，通體黑亮，蘊含著天圓地方之理。

【中華倉頡碑林】除了存放古聖先賢感念倉聖所立石碑之外，廟方還特地整理出從甲骨文、金文、小篆、隸書、楷書演變的單字文碑存放其中。

【倉頡手植柏】 此柏樹紋如巨流傾洩而下，樹底生長一塊形如巨石的樹瘤，又得名瀑布柏。而樹頂一奇枝狀似長頸鹿，僅嘴部發葉，正對西北橋山黃帝陵，此麒麟銜草既是倉聖造字獻於黃帝情景，亦如表達對黃帝的知遇之恩。

謝宗和老師(前排右三)率眾弟子，於白水縣內所立之倉頡聖像前合影留念。

於倉頡聖像對面的石書，無怪乎當地人文薈萃，未聞數典忘祖之徒。

星象命理 2

八運姓名學(三)

撥雲見日　破解姓名學迷思

倉頡先師嫡傳弟子 **謝宗和** 著

博客思出版社

作者簡介

子曰：「君子和而不同，小人同而不和」。深究其因，緣上行下效，身正者不令而行，不正者雖令不從。謝師宗和先生，其德昭昭，其心皎皎，與之同席相談，不察光陰之逝，只感學海無涯，自沾染其正氣而莫敢忘形踰矩，汲營之輩固去而不解其趣，無怪乎君子以文會友，以友輔仁，觀其進退內聖而外王，俯仰行事不折於利，出入講學不怠於逸，事事求明心見性，非世俗逐名利而離經叛道、罔顧先聖道統之流者，乃可為人師。師者，所以傳道、授業、解惑也。僕慕其秉持倉聖造字六義，學通古今百家，取其善者而用，非專擅其一而自是自衿，方能摒棄生肖筆劃強湊之術，尊文字納音靈動之法，須臾知一生，聞名而知性，以文載道見於外，講授六書道統不遺餘力，無私無求，憂道不憂貧，其也君子哉。

內容簡介

師云：名者，夕口也，日西昏冥所喚，聞聲辨人同異也；命者，口令也，聲波音振所及之，受想行識所由之，此二者同為十二律呂音所涉，昔文祖倉頡聖師造字，納音律於有形，集靈動於字中，故曰，名也，命也，不知文字何以起名乎。天道運行不偽，人生於世不離年運納音，孫子兵法亦云：「知天知地，勝乃可全」。遂整理六十甲子納音靈動，供人警惕自省，處順不忘形，挫敗不墜谷。又感於：取名用字並非單兵作戰，人無依則境艱，名不合則亂序，姓氏為本，順逆有道。故從百家姓中節錄一二，列舉五行納音宜忌以供了解。然康熙字典中收錄四萬七千餘字，豈是一朝一夕即可道盡，縱使謝師已於八運姓名學第一、二冊中，用造字六義對常用字釋義其靈動內涵，念及眾說雜沓，而善於文字者寡，取名用字不得法者眾，遂在書末以文字部首為幹、納音靈動為枝葉，盼能將文字救劫的使命發揚其中，並使中國文化道脈有所傳承。

職業班入門生張政棋謹擬

楔子

中國人，用漢字，中文名。我們擁有歷史最悠久的精神文明，我們擁有全世界獨一無二的象形文字。此乃漢字的驕傲，但亦何嘗不是中國人的悲哀。精神文明的失落、文字傳承的斷層，我們未曾察覺，卻還自耀自誇的自以為是，把錯誤的認知奉若神明，甚至自我發明，真乃一步錯、步步差矣。此千里之謬誤，若不及時懸崖勒馬，後果自是不堪設想。

姓名學，台灣這蕞爾小島近七十年來風行的產物（從日本熊崎氏處拷貝而來）；改名、換名，人人一窩蜂，但在瘋狂的背後，大家是否曾靜下心來思考，這其中品質的良莠高低，以及是非對錯？如今，是姓名學百家爭鳴時代中，還「文字」本來面目的重要時刻，因為名字根本與「命理」無關。該還給「文字」一個本來面貌，該給姓名學（姓名學乃文字之應用）一個正本清源的機會。因為這不僅關係著你、我自身的幸福，甚至影響到國家社會的安寧，以及後代子孫的吉凶禍福。

【不懂文字，不足以替人取名、改名】

字者，心畫也。文字有神，故能預示禍福吉凶。身為每日用漢字的人，不懂文字實在可悲；身為命理師，不了解自己名字有何涵義、有何好壞，實在可憐。命者，先天之體也；名者，後天為用也。「無名，天地之始；有名，萬物之母。」瞭解文字，才能取個好名字。

（一）字裡乾坤—文字分子動力原理，文字的基本構造：

文字分子動力就好比是生命的有機組成現象。它不但最複雜、最神奇、最奧妙，同時更是能量磁場的聚集。有能量才能化分為動力，主宰著萬物生命，創造了芸芸眾生。所以文字約五百四十個部首，每個皆有或側、或勒、或努、或趯、或策、或掠、或啄、或磔。即永字八法。說解如下：

一、**側**：即點。點可大可小、無中生有，永字八法皆由點生。點如無極生太極、點即是圓融之意。

二、**勒**：即橫。橫者如繩者、如止者、如思考者、如拉扯者、如枝節者、如套牢者、如橋樑者。勒即是太極生兩儀之意。

三、**努**：即直。直者如棒者、如滾動者、如立竿者、如目標者、如棟樑者、如中庸者、如權威者。努，即是中央中宮之意。

四、趯：即鉤。鉤者如釣、如稱、如釘、如鋒、如交、如刺、如揚、如玄、如虛、如空、如妙、如偽也。趯即是高峰之意。

五、策：即斜上，斜上者稱成長之意。斜上如智慧、如不懼、如刻苦耐勞、如堅忍、如擔當、如策略、如開發、如煽動、如向上進取、如勤學、如好奇也。策即是兩儀生四象之意。

六、掠：即撇。撇如鞭、如箭、如刀、如亂、如散、如武士、如廚師、如醫生、如鬥狠、如科技、如光、如閃電、如變化、如夕陽。掠即是殺戮之意。

七、啄：即短撇。短撇如斜下，如放棄、如沉思、如下墜、如深淵、如隱藏、如多言、如輔弼、如左右、如副官、如助人、如短暫。啄即是震動之意。

八、磔：即捺。捺者如指模、如有力、如壓力、如蓋章、如契約、如耐性、如決策、如才華、如完美、如自清、如表達、

如拖延、如遠行。磔即是執行之意。

以上永字八法之說解，內容無窮盡之智慧。其中的奧妙應用，當然得有明師傳授才知箇中之巧妙。所要給您的訊息是：文字部首如零件，零件組合成的名字，品質絕對有高有低，猶如不懂機械的人，他是無法幫您修配汽車的，技術更差者，甚至將您的愛車解體，結果愈修理毛病愈多。所以不懂文字之人，他根本就無法幫您調配需要，對症下藥，江湖術士一堆、蒙古大夫一群，若無法睜大眼睛明辨、或用智慧來判斷，您只好自求多福了。千萬不要我行我素不肯接受正確的認知；或不為所動固執的置天下蒼生之姓名大事於不顧；也不要沉迷在命理八字中找答案而命名，或筆劃吉凶而取名；更離譜的是用生肖歪理來取名、九宮、玄空、乾坤、易占、五行等其他新觀念之自創一格的門派方法來取名論名。因為這都不是文字、姓名的正宗與正統。他們得以生存的歪理，是經不起時代的考驗的，您可別把自己一生的幸福拿來做他們的實驗品，猶如熊崎氏的筆劃、唇齒五行理論，經過幾十年來的印證結果，準確率實在低得可憐，而那些依照此理論命名而枉死為亡魂者，其業障又誰來挑呢？

（二）認祖歸宗—六書造字之由來，文字的創設原由及應用：

一個專業的文字學老師與一個普通的姓名學老師之間的差異是很大的。身為取名、改名、命名的老師如果不懂六書造字的由來，如果不能夠說文解字的話是沒有資格來擔任的。身為姓名學的老師，如果連造字之神是誰？其歷史背景如何？創造文字及文字的進化過程？以及祖師爺的相貌如何？文字為何而造？文字如何來造等一連串的問題都不懂，那豈不是笑話連篇呢？聰明的您又怎會把一生的幸福、婚姻、事業、身體、平安與否等問題交給他呢？您是不是該破除姓名學充斥的迷思，重新的對「六書」來做一番了解及認識呢？

六書造字的由來，重要的不只是象形、指事、會意、形聲、轉注、假借而已，最重要的在於每字有「六義」。六義者六儀也，引申義也，引申為陰者為儀，引申為陽者為義。引申在象形時稱象形義，引申在會意時稱會意義，引申在指事時稱指事義，引申在形聲時稱形聲義，引申在轉注時稱轉注義，引申在假借時稱假借義。故稱「六義」，陰者稱儀，陽者稱義。就如同女名取儀、男名取義的道理一樣。此乃一陰一陽謂之道也。「六義」配「六儀」，運行十二周天。

（三）音律磁場—六十甲子納音與聲音的作用：

星球運行、光波振動都會產生「音」，此乃「宇宙原音」。萬物皆可發出聲音，所以唸「經咒」所產生的「音波」，可以超薦亡魂、消災解厄。聲有可聞聲、與不可聞聲、簡稱超聲與次聲。聲音的質量分為八種：即柔和聲、低柔聲、溫柔聲、粗剛聲、粗低聲、次粗聲、高細聲、超高聲。就和所謂台語有八音的意思很接近了。此理與人的聲音與體質的影響相同，所以命相學中有以聲質來斷定人格之高低音。不管男女老少或動物的聲音一樣都由質量來控制，樂器的理論亦然。當聲音被激發出來或名字被叫喚時，由八種聲音發出的頻率就各自不同，當然就產生質與量不同的個性、不同的智慧、不同的思想、不同的品德、不同的愛好、不同的剛柔、不同的理解、不同的感受、不同的習俗、不同的自律神經、不同的人格、不同的族群，當然也就有不同的命運跟遭遇。因此，取名命名之時，不單只是文字六書的重要性，更重要的即是五百四十個部首，每個部首與其他部首組成「字」時的音波、頻率，此稱之為「文字納音」。要記住取名或命名時最忌諱用單一部首，因為單一部首稱「文」不稱字。所謂的「字」是指由二個部首以上所組合而成的。若取名命名時用單部首，造成聲音的頻率落差太大，就會影響一個人的命運，一生的起伏也將隨著頻率的大落差而患得患失。

（四）文字救劫─取名、改名、命名，心態最重要：

亂改名字只有百害而無一利。為什麼呢？一是迷信改名字之後就會發財成功；一是不懂文字造字的由來；一是心態不對，改什麼名字皆無效。因為道由心生、相隨心改，解鈴尚須繫鈴人，如無當事者的真誠善心相配，又何以能言改運；當事者有難，若無積功在先或立大愿在後，又何以能言改運乎?所謂的行道者乃是行方便之門。但仍需靠自己先求修身養性、充實自己，畢竟人後天的修為與造化才是主宰自己命運好壞的關鍵。命格的高低牽涉到累世的業因。導致的後天結果猶如種樹，再怎麼努力，芭樂樹也是長不出蘋果的。所以你本身的福分不夠，卻要求像王永慶一樣富甲一方，無異於異想天開，卻不是「名字」的錯，後天為用的名字，是一個輔助條件，「工欲善其事，必先利其器」，當您的心態正確，好的名字可以讓人生中的貴人多一點、波折少一點，於是一生更順遂圓滿。但先決條件仍是你自身的改變。天底下從沒有不勞而獲的事。所謂的「文字救劫」，那也是「天佑善人」，或者是他自己累世修世來的好果報，才能很快的顯現出來。

故本身什麼都不懂，就以一招半式闖蕩江湖的先生們，不要為了貪圖利益而隨便的幫人家取名或改名。要找人幫你取名或改名的人本身亦要有判斷的智慧。社會今天的問題重重，亂象愈來愈嚴重、治安愈來愈敗壞而沒有改善、婚姻不幸離婚率的攀升，命理師要負很大的責任。因為如果你們所幫人取的、改的都是好名，社會應該要愈來愈好才對，而不是今日的一團亂了。

（五）腦內革命—腦波與聲音：

一般人很少留意到，當他做事十分順利或困難重重時的內在與外在因素有什麼不同，為什麼有時候靈感很多，有時候又像得了癡呆症似的腦內一片空白？頭腦靈不靈光與我們如何攝取和運用儲存在大腦中的資訊與知識有密切的關係。利用腦波可以觀察腦部的各種活動，以及當時我們所處的意識狀態也。

人的左腦有「阿法α」、「西塔θ」、「伽瑪γ」三種腦波；有接通能力、放鬆、不在乎、會觀想的是阿法α腦波；心靈覺知的為西塔θ腦波；直覺的、有同理心的為伽瑪γ腦波。右腦有「貝塔β」腦波，它能夠精思細算，其作用為「記憶庫」，它的主要功能是在有一事的思考和專注上，或把注意力集中於外在感官世界和解決實際問題上。左腦的「阿法α」腦波，如同雷達，會本能不停的尋找和接收資訊，所以它接受聲音的速度最快，並且馬上傳送給自律神經，人的自律神經失調與否，就是從阿法腦波所傳送的聲音來決定。有高量「伽瑪γ」腦波的人，他們的直覺通常很強。

有些心理學家或醫生常會建議孕婦利用各種不同的音樂來調適自律神經或胎教，其道理無它；用「音波」的感受來產生和緩愉悅的情緒。人們總喜歡聽人讚美而不愛被斥責，小孩更喜歡聽柔和細聲和鼓勵的話，原因在哪裡呢？原來是「阿法腦波」感受到音波影響所致也。人的思想對與否，皆看自律神經是否失調？自律神經失調與否，皆看「西塔腦波」接收到什麼樣的聲音訊息而定，開發「伽瑪γ」腦波可以幫助強化我們的本能、直覺和執行的能力，打開人類對溝通與連接深度了解的管道，進而改善我們的人際關係。腦波的互動每天都在發生，因為人與人之間的叫喊就是互動的開始，這種狀況也發生在人與動物之間，難怪很多人都會替寵物取名字，因為動物的「貝塔β」腦波較強，所以記憶力較能集中，甚至勝過人類矣！

（六）思想能量—如何自我管理：

你的經驗、需要、態度和人生觀，造成了今天的你。每個人經由應用自己的腦波來和每一個人接觸。因此，你的腦波形態塑造了你的人際關係。「伽瑪γ」腦波代表著我們的無意識，它就像是我們的自動追蹤儀、我們的掃描器，強化我們的本能、直覺和執行能力。人與人之間無意識的連接或直覺似的結合（如一見如故或一見鍾情等），都是「伽瑪γ」腦波放射的結果。人常說物以類聚、心有靈犀一點通，其實這些都是腦波放射的結果；人們也說：「近朱者赤，近墨者黑。」這本就是腦波互相干擾影響的結果。因為思想就是一種能量，在你起心動念的同時，你的腦細胞早已起了千萬種的化學反應了。如果思想不是一種能量，你又如何能洞悉他人的想法？因此，想讓思想能量放射出來的話，就必須學習「如何自我管理」了。像有些人在念經、念佛的時候都會播放錄音帶，要記住，錄音帶本身是沒有思想能量的，它只是方便您記住熟讀而已。一定要經過腦波直接發射出來的聲音才會產生能量的。想要破解「姓名學」迷失的話，這些理論必須能夠接受，接受後才開始學習「如何自我管理」，如果不能自我管理、「思想能量」也是無法發揮出來的。

（七）宇宙時空—地球自轉、公轉於宇宙不同時空的變化：

八運的天氣很異常，金星、木星、水星、火星、土星同時在地球一二〇度與一三〇度的上空聚會，形成難得一見的五星連珠現象，加上太陽、月亮形成七曜同宮的星象奇景，而一二〇度與一三〇度的地方就是東南亞一帶，想必東南亞的國家們災難一定是綿延不斷了，正應驗了古代聖人所云：「天要殺人，風雲變色；地要殺人，虫蛇顯象；人要殺人，目露兇光。」當太陽光照射至地球時，受到五顆星的阻擋，使紫外線變弱，光合作用降低時，就會影響所有的生命強弱，能量磁場自然就減輕，這種現象科學家稱它為「日焰磁爆」，「日焰磁爆」作用影響最大的就是「西塔θ腦波」，「西塔θ腦波」受到日焰磁爆現象的影響，就會產生：（一）自律神經失調，人的情緒會受到影響、失控。像八運特別多的兇殺案、情殺案就是最好的証明。（二）自律神經失調還會引起腦神經衰弱、記憶力減退，特別是八運的流行性感冒特別厲害，尤其是濾過性病毒所引起的症狀，SARS、H1N1、體內發燒、咳嗽不止引起肺炎、中耳炎之神經毒、失眠症、情緒失控症、易怒、焦慮不安即傳染病毒所引起的併發症，被傳染者至少要治療二星期以上才會醫好，有些病症還是不能太大意，像濾過性病毒以及狂牛症是隨時都有可能再引發的。

（八）腦波與文字—文字是心靈的工具：

大部分的人都不知道「文字是心靈的工具」取名與改名時，它與自律神經容易失調與否息息相關。但是今日社會上姓名學門派充斥，猶如保險業的百家爭鳴，好壞間的差異是很大的。一般人不知文字是啥？一直往筆劃、生肖、五行、八字學理裡頭鑽，愈鑽就愈容易迷失，不是嗎？其實當一個人的名字被叫喚時，影響最大的還是「伽瑪腦波」，故「腦波與文字」是息息相關的，這不僅是無庸置疑，更是不容被忽視或忽略的。

文字聲音刺激著腦波，它為什麼能產生音質與音量？答案是文字與文字皆是部首與部首的組合，每一部首裡頭的「筆法」皆有永字八法的靈動，因此才稱為「文字分子動力原理」，每一單元的動力都會產生一種音質與音量，也就是俗稱的「納音」，腦波接收到不同的音質、音量，就會對自律神經產生影響了。像民國一百年的納音叫「松柏木」，有關「松柏木」的部首有：玉、月、耳、甲、刀、戊、辰、子、夕、比、皿等部首，這些部首若配合好部首成字的話，用在姓名上，八運時期則會好運當道，若配合壞部首成字的話，用在姓名上，八運時期就要特別注意了。以下需注意的文字有：宛、登、發、新、揚、勝、國、慶、麗、玲、銘、宏、雪、真、聰、慧、君、居、健、愛、盟、儀、孝、創、剛、利、傑、偵、修、信、宜、孟、昭、曼、書、易、倫、論、謙、誠、通、連、秀、盈、辰、莉、芬、娥、津、予……等等。給你這項訊息讓你注意，同時你可在每天的報紙上找到印證，這些絕對不是巧合或者或然率的問題。也願你在接收到訊息後能夠趨吉避兇、大事化小、小事化無，祝福每一位。

（九）結語—文字救劫的使命：

破除姓名學迷失的時代來臨了。「選好文字」、「取好名」這是有智慧的現代人所不容忽視的問題。不要再迷信取名要用八字命理來取，也更不再迷信亂取名、命名、改名了，選好文字、取好名之所以重要的原因，已如前所述，好名字它可以讓我們的腦波在接受名字叫喚時，使自律神經的運作正常，讓你更理智、理解性增強、化解能力自然就跟著強。一個人的名字，一生中不停的被叫喚，刺激腦神經所反應出來的各種情緒反應、各類型的行為表現，好的稱為善業，不好的被稱為惡業。所以你會與不同的老師（姓名學師）結善緣、結惡緣。就如同好的醫生就是濟世救人，而醫德差的醫生誆騙世人。替人取名、改名，這其中牽涉到先天的業因、後天的業果，或是今世的業因、來世的業果，所以不可不慎，以免誤人誤己而不自知。「所學不精會害人，所知不廣會自誤！」、「禍福無門、唯人自招」的果業啊！

倉頡文字學院：

以前在讀歷史的時候，每讀到「造字之神」倉頡時，老師總說是其為神話人物。筆者為印證此事，特地率團到大陸陝西省白水縣城東約二十五公里的地方，名為「史官鄉」。※因其為皇帝的史官。有一座倉頡廟，廟後有倉頡墓陵。為圓型土堆，高有三點二米，周圍十四米。佔地約七甲。其中最特色乃是倉頡手植柏樹，樹齡至今約五千年。因此本會負有蓋「倉頡廟」、「倉頡文字學院」的使命。應運於八運時期，高學歷、低人格之文盲時代。

也願大家都能有善緣，取到好名字，讓社會更祥和，讓家庭更美滿，讓身體更健康，讓學業更進步，讓智慧更增加，讓事業更順利，讓感情更和諧，讓人際關係更好，讓社會祥和、國家安康，這才是真正「文字救劫」的使命所在。

歲次 癸巳年 吉月 吉日 吉時

作者 謝宗和 敬序 於桃園 倉頡文字學院

六十甲子納音文字 序

昔日帝堯造甲子，名曰黃曆。傳至大禹時期，禹帝開創夏朝，再造夏曆，又稱為陰曆，即現在一般可見的農民曆。而帝堯所造甲子，即是六十甲子也。運用天干與地支所造，當時所造甲子，並無將納音加入，而後由禹帝創夏曆時，將六十甲子導入納音。

學習五術、山、醫、命、卜、相的人，特別是命理界之老師或學者都知道，尤其是學八字命理的人，六十甲子則是必熟背的基本要件之一。初學者老師只說很重要要熟記，若是不熟背六十甲子，想要在命理學方面有所發展突破，一定很難。而筆者由另一觀點來說，將六十甲字納音倒背如流，把六十甲子納音名稱熟讀又如何？對六十甲子納音作用？納音釋義為何？可能還有許多人一知半解矣！

八運姓名學（三）—六十甲子納音文字一書，一旦推出，它所造成的迷惑，以及對文字納音的迷思，或姓名學之新的突破、或震撼、或重新對氾濫的姓名學界，會有重新的認識矣！

當星球運轉時，其轉速、光波震動，都會產生「音」，此乃宇宙原音。故，萬物皆有其音，如人類唸經持咒，所產生的音波一樣，自古以來；人類在其長輩往生時或為自己、家人消災解厄，皆會請法師來誦經，其不外乎希望能藉以超度亡魂及脫離災禍，會用相同的方法呢！

故，唸經持咒之音波，其原因是經文由文字編列，藉由口一字一字發出聲音，而六十甲子納音文字，說的即是這個原理。就像命相學中，也有以聲音之音質來判斷其人格性情，發現音質不同，就有不同的個性、不同的智慧反應、不同的思想、不同的品德、不同的愛好、不同的理解力、乃至不同的自律神經，決定出不同的人格與命運。因此，制字先師倉頡仰觀天象（天干）、俯察地物（地支）彙聚六十甲子納音，造六書文字，讀者在學習文字時，不單只為了解字理意，應更深入了解每字的六義及納音，文字組合所表象之音波為何？故稱文字納音或納音文字矣！

一般人鮮少留意到，當他做事十分順利或困難挫折時，其內在因素與外在因素有什麼不同？外在因素絕大部分是人為與環境，內在因素除了流年行運之外，鮮少人知道，其姓名裏「文字音波」則佔了最大的原因。故人類為什麼有時靈感特別好？有時又像得了痴呆症似的，腦筋一片空白？頭腦不靈光，其實我們如何攝取，或運用儲存在大腦中的資訊，與知識有密切的關係。利用腦波可以發揮最佳的意識狀態。

人的左腦有阿法波、西塔波、珈瑪波三種腦波；有接通聲音能力、有放鬆能力、有在乎與不在乎能力：接收喜歡被讚美的聲音是阿法波，會觀想的是西塔波，會執行能力強、會衝動的是珈瑪波。

貝塔波掌握人的右腦，之所以有同理心、能夠精打細算就是受貝塔波影響，故又為記憶力波。運用波能整理出有意識性的思考，和專注精神上、集中注意力於外在感官，和解決實際的問題上。而左腦的各波能，會像雷達一樣，不停的搜尋及接收外來資訊，快速傳達給自律神經。

故，人的自律神經失調、平衡與否，就是從左腦的珈瑪波來傳遞，而決定一個人的性情好壞，根據腦波研究學者所說，假使某一個人，他有高量的珈瑪波特質，其直覺與執行能力都比一般人強，甚至一些心理學專家學者、醫生，皆會建議孕婦利用各種不同的音樂，來調和自律神經或作為胎教，其道理無它；就是用「音波」的感受，來產生和緩愉悅的心情，君不見時有新聞報導，某某牧場利用輕柔音樂，促進牛群乳汁分泌，其道理亦同。

故，人類均喜歡被讚美，不喜被大聲斥責，而坊間有以潛能開發專業人才，均特別強調「思想能量」的重要性，尤其是小孩子，更喜歡聽柔和細聲和鼓勵或被肯定的話語，原因在哪？原來是阿法波接收到聲音傳送給大腦，由珈瑪波去執行喜、怒、哀、樂即是此道理。

故，人的思想對與否，看自律神經是否失調？而自律神經失調與否，要看珈瑪波接收到什麼樣的聲波訊息而定，故潛能開發師們，常借用各種不同性質的聲音，來開發珈瑪波，希望可以幫助強化自己的本能，發揮潛在能量，以及增強直覺與執行的能力、分辨力，一旦打開這扇潛能之門，就可以增進人與人的溝通，與連接深度了解的管道，進而改善自己的人際關係。

腦波與聲音的互動時時刻刻都在發生，就像人與人之間，無論是交談或是名字被叫喚時，大腦的腦波就會有互動的開始，這種互動關係，包括與動物之間，難怪天行八運時期，有些人與動、寵物互動的時間比自己的朋友或親人還要長呢！也包括替自己的寵物取個好名字，也是這個道理。

因此，有大部分的人都不知道，「文字」、「納音」、「腦波」、「聲音」、「名字」，有極密切的關係，它與自律神經失調與否息息相關，但觀現今社會上，姓名學門派充斥，猶如雨過春筍，百家爭鳴之象，好壞間的差異是很大。大部分的姓名學老師及人們不知文字納音是啥？一直往筆劃、生肖、八字學理鑽，愈鑽就愈容易迷失，愈迷失愈固執，不是嗎！

故，筆者一再的強調，當一個人的名字被叫喚時，左右情緒最大的還是珈瑪波。腦波與文字納音，息息相關毋庸置疑，故開發潛能的大師們，則一直強調，情緒管理克制的重要性，情緒影響人際關係，個性則決定命運的好壞，也是這個道理。

故，子曰：「聞其名，知其性。」知性，可同車。故，人如其名。說的更是此理。所以選好文字、取好名，這是天行八運時期，有智慧、有福報的現代人，不能忽視的一件大事，選好文字、取好名，讓自己或自己的親人、子女，名字被叫喚時，自律神經穩定正常運作，讓自己更有智慧，直覺更靈敏、執行能力更好，當理解力增強、與人相處溝通，化解能力自然增強，平安順遂的渡過業報來臨之八運大清算時期。

願諸君、朋友們，大家都有緣閱讀筆者之拙作，有好善緣，取到好名字，讓社會更祥和、家庭美滿、身體健康、身心愉快、學業進步、智慧增長、事業順利、感情和諧、人際關係更好，這才是筆者出書最大的願望！是為又序。

歲次己丑年吉月　吉日　吉時

作者　謝宗和　敬序　於桃園　倉頡文字學院

目錄

納音部首五形釋義：

文字與生命

盤古時代的人類即已經開始懂得仰觀天象，其導源來自星象變化時，所影響萬物興盛衰退之徵兆，尤其是人類。於是開始有了研究，觀察的動作出現，最先觀察到的則是各種聲波、波動的訊號，跟其他動物一樣，大自然變化之前，均有其特殊的感應能力，成為能夠趨吉避凶之最大因素也。因而古人把這些訊息刻劃成圖騰，刻在洞壁上，時至今日，成為現代人類研究這些古文明圖騰時，像迷一樣至今難解！在聖人出現的時代，也是依古文明圖騰之記載翻譯而成為經書，其步驟一是把文化的層次提昇、傳承，按大自然訊息、圖騰記載，進而演變成象形或者形文，待傳至甲骨文時期，文明則剛開始起端呢！

故聖人所立之經書，每一字、每一句，皆代表著天地、宇宙大自然法則哩，其意在開啟人類智慧之鑰匙而已。造字之神「倉頡」，創制了文字之後，讓人們相信勤讀聖人所立著之經書，勤念經咒則能開啟智慧之門也。故又稱：文字乃生命之神也，故稱倉頡乃為「字神」，文字即被公認有神，其與生命有著密不可分的關係，就像人的名字被呼喚時，或三歲娃娃聽到輕鬆快樂節奏音樂時一樣，其腦波接受到聲音呼喚，接受到音樂的聲波時，則會影響自律神經調適與否，因而影響情緒的好壞，常言道情緒決定一個人的命運好壞，即是此理乎！

文字與聲音

人說話的聲音大約分為八種：「高音」、「低音」、「粗音」、「柔音」、「尖音」、「沉音」、「平音」、「中音」。當一個人的名字被叫喚時，就會產生這些音質之頻率，進而影響自律神經，由腦波接受聲音時就會影響一個人的思緒與情緒的好壞，什麼樣的情緒就會造就什麼樣的命，其禍福吉凶，皆與名字裡文字所藏的音質有極大的關連，只可惜現代的人很難了解其中奧秘罷了，更別說聽過文字，名字，與聲音會影響生命呢！

從現代人的聲音可以發現幾種狀況：女人聲音沙啞，或低沉聲音，或似男音。男人聲音尖細，或柔嬌聲音，或似女音。或太高亢、或太粗剛。很少人能發現這原來皆與名字裡的「文字」有關連呢！

從聲音來斷定一個人的個性或命運，也是古代聖人所留下來，一種另類的辨識法，就像望、聞、問、切之「聞」字一訣乎！若其聲宏亮音高者，代表這個人的領導慾、主觀意識比較高的。若其聲音粗剛，且言快者，代表這個人性急直率，比較不拘小節，不怕得罪人。若聲音沉而音低者，代表這個人心事重重，專攻心計，想必其人際關係一定非常不好呢，會讓人覺得不可親近也。若其聲音低沉又不言語者，代表這個人處處以利益為考量，君不見布袋戲裡最可怕的神秘人物即是此種。若聲音柔和帶嬌柔之音者，代表這個人仁慈有愛心，但比較小孩子任性之氣也。若其聲音柔和帶中性磁音者，代表這個人和氣待人，其人際關係一定很好。若其聲音平音而慢者，代表這個人反應較慢，處裡事情比較不能圓融也。若其聲音平音而沉者，代表這個人反應比較遲鈍，唱歌時常五音不全，常被人嘲笑欺侮哩。

聲音與身體

從一個人的「名字」裡去分析「文字」裡所藏的音質，也可以了解他的身體，體質屬性，因為一個人的體質屬性也會影響個人身體所需，或所缺的食物偏好及能量。由於食物的偏好、能量的需缺就會影響身體五臟機能，及精氣神之充沛與否。故而影響其行運的好壞呢！

聲音的音質有十二種，而聲音的五行則有五種，介紹如下：

五行屬土者：稱為宮音也，可為君為王。

五行屬金者：稱為商音也，可為相為臣。

五行屬木者：稱為角音也，可為民為工。

五行屬火者：稱為徵音也，可為事為炊。

五行屬水者：稱為羽音也，可為物為兵。

音質如黃鐘者：其聲音輕也。
音質如大呂者：其聲音亮也。
音質如太簇者：其聲音快也。
音質如夾鐘者：其聲音複也。
音質如姑洗者：其聲音雜也。
音質如仲呂者：其聲音平也。
音質如蕤賓者：其聲音尖也。
音質如林鐘者：其聲音蕭也。
音質如夷則者：其聲音齊也。
音質如南呂者：其聲音柔也。
音質如無射者：其聲音高也。
音質如應鐘者：其聲音迴也。
聲音輕者：腎水必不足。
聲音亮者：胰臟分泌不妥協。
聲音快者：肝功能宜注意。

聲音複者：膽汁分泌不妥協。
聲音雜者：肺部宜注意。
聲音平者：胃容易出血。
聲音尖者：有頭部疼痛症。
聲音蕭者：有喉嚨耳鼻之疾。
聲音齊者：脾分泌不協調。
聲音柔者：大腸蠕動無力。
聲音高者：心臟血壓宜注意。
聲音迴者：小腸容易體內燒。

若聲音較高亢頻率的人：是屬於喜歡香味之食物，偏愛甜食，以及紅色食物，對腎臟功能比較不利，也會影響血糖過高，引起糖尿病症，欲改善的話應多食藍色食物，減少甜食。

若聲音較粗剛頻率的人：是屬於喜歡魚腥海產類之食物，偏愛芝麻，以及紫色食物，對膽固醇過高，脂肪過多會影響血管硬化、腦溢血、中風之病欲改善的話應多食蔬菜水果，減少脂肪食物。

若聲音較低細頻率的人：是屬於容易有體臭的特質，偏愛鹹食，以及藍色食物，對血液循環、腎臟、胰臟功能均不利，容易患憂鬱及多愁善感的病症，如欲改善的話應食物清淡也。

若聲音較低沉頻率的人：是屬於喜愛苦酸之食物，偏愛未成熟之果醃漬味也，以及綠色食物，對筋骨及皮膚比較會有影響，如欲改善的話應多吃成熟的水果及淺色食物。

若聲音較嬌柔頻率的人：是屬於喜歡鹹酸甜的食物，偏愛酸食，以及橙色食物，對心臟、精氣神之不足，容易有氣無力，疲憊不堪，如欲改善的話應少許油脂食物、人蔘補之。

若聲音較柔和頻率的人：是屬於喜歡苦中帶甘之食物，偏愛苦食，以及菜乾、福菜之類食物，對胃腸消化不利，蠕動不好，如欲改善的話應多吃新鮮纖維蔬菜類食物。

若聲音較平音頻率的人：是屬於喜歡辛辣之食物，偏愛麻辣食物，以及淺色食物，對肺部喉嚨不利，影響情緒急躁特性，易衝動惹事，如欲改善的話應減少麻辣食物。

若聲音較中性頻率的人：是屬於喜歡火鍋湯類食物，偏愛燙食，以及烤肉食物，對食道、直腸極不利，也會消耗體力，意志也不容易集中，如欲改善的話應減少高燙、火烤肉類食物。

故生命的行運吉凶答案——原來是文字納音在掌握。

六十甲子納音表：

60 甲子納音(大禹《皇極經世》洪範九疇)

納音年	五行	西元年	民國年	納音年	五行	西元年	民國年
甲子、乙丑	海中金	1924、1925 年 1984、1985 年	13、14 年 73、74 年	甲午、乙未	砂中金	1954、1955 年 2014、2015 年	43、44 年 103、104 年
丙寅、丁卯	爐中火	1926、1927 年 1986、1987 年	15、16 年 75、76 年	丙申、丁酉	山下火	1956、1957 年 2016、2017 年	45、46 年 105、106 年
戊辰、己巳	大林木	1928、1929 年 1988、1989 年	17、18 年 77、78 年	戊戌、己亥	平地木	1958、1959 年 2018、2019 年	47、48 年 107、108 年
庚午、辛未	路旁土	1930、1931 年 1990、1991 年	19、20 年 79、80 年	庚子、辛丑	壁上土	1960、1961 年 2020、2021 年	49、50 年 109、110 年
壬申、癸酉	劍鋒金	1932、1933 年 1992、1993 年	21、22 年 81、82 年	壬寅、癸卯	金薄金	1962、1963 年 2022、2023 年	51、52 年 111、112 年
甲戌、乙亥	山頭火	1934、1935 年 1994、1995 年	23、24 年 83、84 年	甲辰、乙巳	覆燈火	1964、1965 年 2024、2025 年	53、54 年 113、114 年
丙子、丁丑	澗下水	1936、1937 年 1996、1997 年	25、26 年 85、86 年	丙午、丁未	天河水	1966、1967 年 2026、2027 年	55、56 年 115、116 年
戊寅、己卯	城頭土	1938、1939 年 1998、1999 年	27、28 年 87、88 年	戊申、己酉	大驛土	1968、1969 年 2028、2029 年	57、58 年 117、118 年
庚辰、辛巳	白臘金	1940、1941 年 2000、2001 年	29、30 年 89、90 年	庚戌、辛亥	釵釧金	1970、1971 年 2030、2031 年	59、60 年 119、120 年
壬午、癸未	楊柳木	1942、1943 年 2002、2003 年	31、32 年 91、92 年	壬子、癸丑	桑柘木	1972、1973 年 2032、2033 年	61、62 年 121、122 年
甲申、乙酉	井泉水	1944、1945 年 2004、2005 年	33、34 年 93、94 年	甲寅、乙卯	大溪水	1974、1975 年 2034、2035 年	63、64 年 123、124 年
丙戌、丁亥	屋上土	1946、1947 年 2006、2007 年	35、36 年 95、96 年	丙辰、丁巳	沙中土	1976、1977 年 2036、2037 年	65、66 年 125、126 年
戊子、己丑	霹靂火	1948、1949 年 2008、2009 年	37、38 年 97、98 年	戊午、己未	天山火	1978、1979 年 2038、2039 年	67、68 年 127、128 年
庚寅、辛卯	松柏木	1950、1951 年 2010、2011 年	39、40 年 99、100 年	庚申、辛酉	石榴木	1980、1981 年 2040、2041 年	69、70 年 129、130 年
壬辰、癸巳	長流水	1952、1953 年 2012、2013 年	41、42 年 101、102 年	壬戌、癸亥	大海水	1982、1983 年 2042、2043 年	71、72 年 131、132 年

※註：六十甲子納音表，若查無年歲之記載，可增減六十年即可對照。

六十甲子納音釋義：

筆者在序文中有提到，學習五術，山、醫、命、卜、相之人，尤其是學習八字命理的人都知道，把六十甲子納音背熟，乃為必修課程。但能將六十甲子納音弄懂，相信沒有幾個人能知道其脈絡。故筆者常說的一句話：「人重納音，宅重納氣。」意思是說，人的情緒與個性的養成，「聲音」與「音波」有著密不可分的關係。因聲音藉由傳播刺激了腦波，影響了情緒的反應，而養成了個性。至於人所居住的陽宅，「氣場」則列為第一考量。所謂藏風聚氣，就是這個道理。故曰：「人重納音，宅重納氣。」即是此理。

何謂海中金？【甲子73年、乙丑74年】

乃隱藏不得見之金，或作有名無實，虛渺之金。

甲之義者：乃作遁甲也，故而隱藏不得見。又作寬闊也。

子之義者：乃作地底之種子也。在地底中等待春天之節氣，伺機準備破殼出土，因破殼時，殼之裂紋像龜甲狀。藉地支排位又作水也。故作甲子稱謂。故甲子之納音名為海中金，即是此理。其意說明，海底隱藏著許多不易看見之資源寶藏也。

乙之義者：乃作剛破土而出，種子嫩芽，其形彎曲如乙字狀也。又作種子之根苗也。

丑之義者：乃作地底隱藏諸物也、又作地底之積肥也。故種子之根苗，深入地底吸收土地之積肥。故乙丑之納音名為海中金。其意說明，地底隱藏許多不易看見之資源與寶藏。

若出生在甲子年、乙丑年之人，其性情與特性如後：

有隱藏潛力，不與人相互爭鬥，內心卻有不服輸，及較內向的個性。若能藉以潛能開發的話，則有一鳴驚人之舉。平時雖能容納別人意見，但卻不會過問，在非緊要關頭的事，也絕不會隨意插手去管。其才華也是屬於隱藏型的，一旦受貴人提拔，甚至被肯定時，就會顯露出來，展現其才華，胸中懷有一顆善良的心，能夠孝順父母，聽從上司、長輩意見；思想方面，從外觀看來，雖比較呆板，卻也常陷入盲目無所適從的思緒中，但其內在還是隱藏著爆發力，一旦爆發時，活力也是會讓人眼睛為之一亮呢！

故甲子年、乙丑年出生之人，不可閒著無所事事，讓其養成惰性，養成不與人爭特性，要適當給予壓力，開發潛能，讓其發揮專長才華，總比與世無爭，得過且過之人生還要實際些。特別是乙丑年出生之人，其軟弱、內向、無爭，因而養成惰性，及優柔寡斷的個性，則顯現比甲子年出生之人還要明顯呢！若脾氣拗起來時，更為驚人呢！

何謂爐中火?【丙寅75年、丁卯76年】

乃不易熄滅之火,或作為爐中溫火,不急不緩之火也。

丙之義者:作為爐中之溫火、不急不緩之火、又作薪火相傳也。

寅之義者:作不間斷的延續也。又作抖動之火苗、不間斷的燃燒著,象徵慢慢熬燉,慢工出細活,熬燉出好的料理,或熬燉出能刻苦耐勞之心性。

丁之義者:作燈芯也。用燈芯點燈之火。又作灯也,故丁與灯字義相同。

卯之義者:作燈芯草也。又作晨曦之光也。象徵古人用油灯照明,在夜間使用,直至黎明前,才將灯熄滅。是人類用油灯照明最長的時間,像極爐中細火熬煮食物,也會花很長的時間,其義則相同呢!

註:「燈芯草為軟梗植物,古人取其草芯,作點燈之助燃。現代多用電燈,故少有人見過燈芯草是何物?」。

所以丙寅年、丁卯年納音爐中火,其義說明爐中之火不能斷炊,要延續薪火相傳,作為一種責任,傳承下一代,即是此理。

若出生在丙寅年、丁卯年之人,其性情與特性如後:

有一顆細心溫柔的作風，做事態度謹慎，對父母親、對朋友、夫妻之間很體貼，故能得到許多貴人相助；在才藝、才華方面，是屬於慢工出細活、慢郎中的一種，不急不緩，倘若急著要求助爐中火之人，一定會有皇帝不急，急死太監的感覺，其事業工作也是如出一轍，凡事慢慢來；故其一生之行運亦同，如媳婦慢慢熬成婆，最後才有出頭的一天，屬於先苦後甘型的命運人物。

爐中火出生的人，雖然貼心，卻也喜歡黏人，對於喜歡的人會黏著不放，故在選擇對象時，要特別留心注意，要是選一位不喜歡被黏的人，那就麻煩大了，輕者很容易分手，若是嚴重者，因此造成身心上的傷害。

爐中火出生的人，還有一個缺點需要注意，脾氣容易受到煽動，以及耳根軟，喜歡被稱讚肯定，常因此結交許多朋友，不喜歡被奚落、被否定，也因此失去許多朋友。嚴重的話，也因此得罪人而不知，成為日後扯後腿的絆腳石呢！若是記取缺點，其運勢自能運轉亨通，成就一番事業。

何謂大林木？【戊辰77年、己巳78年】

乃山林中群木並茂，合群平凡之木，或為不與人爭之木也。

戊之義者：作茂盛繁密之林木，又作為天羅地網也，有致命之吸引力，其銳不可擋呢！

辰之義者：月令為三月，作濁氣變化之象。三月節氣，滿山植物開花之象，吸引滿山滿谷昆蟲、蜜蜂、蝴蝶，成為熱鬧非凡之山林焉！

己之義者：作各取所需也，其象形容四月之節氣來臨，滿山谷之林木、植物、昆蟲、蜜蜂、蝴蝶、鳥類，均各取所需，大談戀愛，甚至築巢，準備繁衍下一代呢！

巳之義者：作受精懷孕也、小生命誕生之象也，月令四月。其象說明：蜜蜂與蝴蝶辛勤採集花蜜、傳送花粉植物受精，而鳥類談戀愛，準備築巢，傳宗接代。故大林木出生之人，其食祿旺、異性緣則佳。

巳之義者：又作為陰氣旺盛之象。納音大林木其義說明，山中林木，在月令三月、四月時，最為熱鬧，滿山滿林，開花，招蜂引蝶，鳥類求偶進而築巢，孕育下一代，享受其成果矣！又因昆蟲、蜜蜂、蝴蝶、鳥類，乃至於山中植物，林木枝葉，皆受陰氣旺盛之水氣來滋潤，故為此理。

若出生在戊辰年、己巳年之人，其性情與特性如後：

是一位合群又喜歡熱鬧之人，對待朋友很熱心，對公益事業也很有興趣，且一旦投入，就會很認真、很熱情的去執行。若非擇善固執且又帶鐵齒的個性，其實是一位很容易相處的人呢！喜歡不受拘束的生活，有與世無爭，愛好大自然之特性，常到處旅遊，也是一生當中之樂趣呢！

幫助別人的時候，雖然熱情卻不居功，寧願默默耕耘，過著快樂又平凡的人生，是其一生中最大願望。但其願往往適得其反，其義則顯現，熱心與熱情的個性交友廣闊，想要過著清閒的日子，恐怕不是那樣容易。若是朝向政治舞台發展，也是一條不錯的差事，可以熱心公益為民喉舌，爭取地方利益與發展，一定相當稱職。

須要注意的事項是，不可熱心過了頭，以免吃力不討好，受流言蜚語攻擊，還常因此得罪小人而不自知，讓不喜歡與人爭鬥之個性，產生互相矛盾與憂愁也。

何謂路旁土？【庚午79年、辛未80年】

乃是被人與車、馬長期壓過，變成堅硬之馬路，或為即成道路。

庚之義者：作堅硬而實也、又作為更換也。

午之義者：作夯土之杵也。其義說明：古人在造路、修路時，運用夯土之杵不斷的用力，使地上泥土變硬，而堅固，故稱路旁土。

午之義者：又作太陽晒。其義說明：不斷的更換壞掉夯土之杵，且要在太陽強光照射下，進行夯土的工作，其目的欲使其快乾變硬，造出一條堅硬的道路，不致長期行走造成路面坑洞。

辛之義者：乃辛苦工作也。又作克服萬難也。

未之義者：作六月之天氣也。其義說明：以前的人在開鑿道路時，是一種均以人的勞力辛苦的工作，尤其在六月天，大太陽照射下，揮汗如雨辛勤工作，必須在秋季之前將路面舖設好，讓軍隊、馬車、商旅得以趕路通過，到達目的地，從事軍事運輸、兵力支援或貨物買賣交換，更可從事文化交流。

未之義者：又作未來之路也。其義說明：造路、開路之先鋒者，必俱備克服萬難的決心與毅力，為了江山穩定，開路先鋒們，其辛苦絕非能用言語來形容，之所以能咬緊牙關，吃人所不能吃的苦，排除困難，不外乎為了下一代著想鋪路呢！故路旁土即為此理。

若出生在庚午年、辛未年之人，其性情與特性如後：

是一位做事不拘小節之人，喜歡不斷學習，但是其耐心不足之個性，且抗壓性從小就明顯現出較弱，一旦被刺激就會亂發脾氣，但在人生的歷程逐漸增長時，抗壓性會慢慢增強。因為耐心不足，容易對自己缺乏信心，須不斷的接受訓練與鼓勵，培養穩定的耐性，才能如倒吃甘蔗漸入佳境。

另外要注意的事，其分辨善惡能力較差，很容易相信他人，較沒有心機，如此應加強自己識人能力，以免犯小人傷害而招失敗之運。

路旁土出生的人特性、特質：心性善良，個性倔強，也較無膽量，喜歡學習，向上心強。要改善小聰明，將小聰明轉化為智慧，訓練自己過目不忘能力，增強記憶力，如此在八運時期，一定有機會發揮所長將事業拓展，尤其在學識方面，應順應潮流多元化的增長，才能足以應變未來多元性的社會。

路旁土出生的人，能熱情的對待朋友，處處給予方便，在外緣、異性緣表現不錯，但有時太有個性。宜注意倔強難妥協的脾氣，是一生中的絆腳石，這也是招致失敗、小人暗害的最大因素之一。

何謂劍鋒金？【壬申81年、癸酉82年】

乃盛氣凌人、鋒利之金，或作巧辯、伶牙俐齒，能言善道之金。

壬之義者：作盛氣之水刀、又作大海之波濤也。

申之義者：作通天徹地也。其義說明：盛氣之水刀，勝過鋒利之刀劍，鋒利之刀劍能削鐵如泥，但還不如盛氣凌人之水刀，其力勝刀劍有通天徹地之能也。能載舟，亦能覆舟矣！

申之義者：乃閃電也。其義說明：大海之波濤，加上雷電交加，形成陸地、海上、天空，鋒利無比之氣，其氣勝過刀劍。

癸之義者：作極寒之氣、又作天災之象也。

酉之義者：作鋒芒之霞光也。說明：太陽下山前，產生鋒芒之霞光，加上極寒之冷氣團，所映射出來的霞光，勝過鋒利的刀劍之光。

酉之義者：又作地變之象也。其義說明：天運行至壬申、癸酉年時，則會出現天災、地變前的徵兆，其義在告誡人類或提醒人類，要守戒守律，才能逃過天災地變之禍事，因天災地變其勢如劍鋒之利。

若出生在壬申年、癸酉年之人，其性情與特性如後：

劍鋒金出生的人，想要有所成就，必須經過一番磨練後，才會有機會脫穎而出，故行事風格必須低調、收斂，不可盛氣凌人、伶牙俐齒，以免說者無心，聽者有意得罪人，把事情鬧得一發不可收拾。

劍鋒金出生的人，喜歡急公好義，表現的鋒芒太露，及剛毅精銳的個性，不服輸的特質，其行運總是成功與失敗兩極化。若事業能朝向辯論家、律師、法官、講師或外科醫生，一定表現相當亮眼。

劍鋒金出生的人，在天行八運的時期，要把握中年之運勢，若能一步一腳印，穩健經營，收斂急躁個性，則能享有一席之位。由於個性上的特質容易樹立敵人，應該要與人為善，不輕易樹立敵人，否則小人暗害機會相對增加，不可不慎。若能借重才華，利用做事精神態度，能獲得長輩、上司的倚重，也是一位最佳執行者。

劍鋒金出生的人，有一種叛逆感，也有一種自卑感，要看出生在什麼樣的家庭，相較之下優劣自然無形形成矣！

何謂山頭火？【甲戌83年、乙亥84年】

乃滿山通紅之樹葉，或作秋季滿山通紅之楓葉景象也。

甲之義者：作高大枝葉茂密之樹木、又作高壯之木，故又稱甲為陽木。

戌之義者：作秋天季節，燥土之氣。其義說明：秋季時，其節氣乾而燥，讓植物樹木之葉，由黃轉變成通紅之景色，遠眺滿山輝映通紅如火之象。

戌之義者：又作九月之氣。其義說明：從農曆九月開始，天氣開始乾燥，影響植物生長，樹木枝葉開始枯黃，遠觀之下，滿山樹葉皆變色，由黃慢慢轉為通紅，像極山林之火。故曰山頭火。

乙之義者：作較繁密之灌木、又作唯一也。

亥之義者：作秋的季節，空氣瀰漫乾燥氣息也。其義說明：秋季時水氣不足空氣乾燥，讓山上的灌木叢林皆發黃變色。

亥之義者：又作該也。其義說明：農曆九月、十月之節氣，開始影響山上的植物與樹木枝葉生長，至十月底開始，唯一的顏色，就只有紅色，該留下、該落葉的皆分明，而山頭上的葉子顏色，只有唯一紅色。故曰山頭火，即是此道理。

若出生在甲戌年、乙亥年之人，其性情與特性如後：

山頭火出生的人，做事方面比較主觀，有謀略也是其特性之一，很懂的人性心理，若思想偏激的人，把人玩弄股掌間，運籌決策不假手他人，若能往創意開發，設計方面去發展，一定能表現出色，甚至名利雙收。另外有一副剛烈的急性子，情緒轉變差異太大，與人相處時，常讓人敬而遠之。是個企圖心很強的人，也有很大的野心，小錢與小事業都不會看在眼中，故天行八運，行運與事業一直大起大落，甚至十做九不成呢！建議做事能謙虛些，說話收斂藝術些，才不會在最需要別人幫助時，落入無人出手相助之窘境矣！須知星火足以燎原的道理，若想工作事業，如滿山通紅之景色，就得從個性與脾氣去改善。否則風水輪流轉時也只能自怨自哀了！

何謂澗下水？【丙子85年、丁丑86年】

乃濛濛之霧水，或為瀑布邊澗出霧狀之水，或兩山間之流水也。

丙之義者：作高溫度之氣、又作為熱氣也。

子之義者：作山裏之溪水。其義說明：山裏的溪水，遇上高溫之天氣時，會呈現出濛濛霧雨景象。故曰澗下水。

子之義者：又作冷氣。其義說明：熱氣與冷氣碰在一起時，就會起霧狀，就像下過雨後天氣晴朗，遇上太陽照射時，其山谷間的霧狀，慢慢散開。又如同流水飛瀑而下，撞擊噴出水霧，美不勝收矣！故曰澗下水。

丁之義者：作細小虛渺、又作叮嚀也。

丑之義者：作冬季之山谷。其義說明：冬季時節，山谷與山之間的水，變的涓涓流水，甚至有些山谷之水若有似無，其象虛渺，故曰澗下水，即是此道理。

丑之義者：又作鈕釦也。其義說明：澗下水的流年行運，溫差變化較大，故三令五申，特別叮嚀早晚要多加一件外套，尤其是在山谷裏的氣溫溫差大，故在冬季從事山谷間活動的人，要特別注意！故曰澗下水，即是此道理。

若出生在丙子年、丁丑年之人，其性情與特性如後：

澗下水出生的人，要注意起伏不定，當氣運不佳時，注意找缺點改進，則能化凶為吉。反之，運勢轉好時，得意忘形，主觀意識太強的話，則會化吉為凶。故無論行事都必須規劃，對澗下水出生的人，會影響一生成敗的關鍵因素，若能依計劃按部就班的做，不可操之過急，慢工出細活，因而得其利。

澗下水出生的人，在財務方面要量力而為，做事不可失去耐心，心浮氣躁而招致失敗。應加強人際關係建立，在流年轉弱運時，也可保本，等待時機再出發。一生守成之格局、積少成多，減少失敗機會，否則就跟洗三溫暖一樣，起伏落差大，影響身心疾病不說，還讓身邊之人受不了一一離去。切記！小小成就，也是一種幸福矣！

何謂城頭土？【戊寅87年、己卯88年】

乃堆疊累積而成，高高在上之城土，或作護城之城堡也。

戊之義者：作破土鑿石之工具也、又作有土斯有財堆積財富也。

寅之義者：作破土砌牆之工作進行。其義說明：古代帝王之城，守護城堡之建築，是一項重要的工程，須俱備破土、鑿石之工具與破土砌牆之工程人才，慢慢堆積、疊積，使其城門、城牆高大堅實。故曰城頭土。

寅之義者：又作動亂不堪，天搖地動也。其義說明：古代君王皆以侵略它國，增擴領土為職志，因而大動干戈，勞民傷財、民不聊生，動亂不堪，其象天搖地動，肅殺之氣騰滾，而文明時期，人們則為名為利，勾心鬥角，貪污拐騙，而招怨上蒼，以天搖地動來懲罰，告誡人類。故降天災地震在城頭土納音之年，即為此理。

己之義者：作克己復禮、又作各自為政，建立自己的王國也。

卯之義者：作文昌盛事。其義說明：當天運行至城頭土之年，上蒼雖降災於民，警惕世人應克己復禮，守法守戒律，使文昌開始盛世。故國家之教育則會義務提升，讓人人有書可讀，也代表高學歷的時代正式來臨矣！故其名曰高高在上之城頭土，即是此道理。

卯之義者：又作應卯也，應卯之義則是虛偽敷衍也。其義說明：當天行八運之初期，則會開始顯現，文明人類為名為利，每日攀緣應酬，做事敷衍，為人虛偽，以騙術來詐取所需，讓正義消失，人人自掃門前雪，各自為政，窮者越窮、高者越高，均想建立自己的王國。故城頭土即是此道理。

若出生在戊寅、己卯年之人，其性情與特性如後：

城頭土出生的人，做事不可敷衍了事，要學習堅決果敢，才不會遭遇困難失敗，也不可以我行我素，不與人溝通，獨自下決斷，應改變高高在上的心態，才不會招人嫉妒。

城頭土出生的人，有較主觀的特性，喜歡領導別人的特質，而且企圖心強，雄心勃勃，若能有寬大包容之心，就可將阻力化為助力，讓下屬服服貼貼，願意為其出力。

城頭土出生的人，有朝一日成功之時，就會得意忘形，而且展露無遺，故雖功名成就，也往往會失去許多朋友。若能謙恭有禮，帶人帶心去努力，事業的版圖拓展越來越大，朋友也會樂於交往，甚至無形中暗助幫忙呢！

故城頭土出生的人，一生行運要有虛懷若谷之心，否則爬的越高，摔的越重，其中奧秘，端看您如何掌握如何待人接物、處事，及自身修養高低或有無守戒律，施福於社會呢！

何謂白臘金？【庚辰89年、辛巳90年】

乃高貴亮麗之金，保養有術，或作貴氣稀有之金也。

庚之義者：作保養金屬之工具、又作裝珠寶之飾盒也。

辰之義者：作晨曦之亮光，白色刺眼。故稱白臘金，即為此理。

辰之義者：又作美麗換妝的變化。其義說明：高貴而亮麗之人，一則須靠自己的氣質。二則要藉服裝、珠寶，亮麗之妝扮來襯托，讓自己更高貴明亮動人。

辛之義者：作細而軟之金飾、又作珠寶週邊之飾品也。

巳之義者：作太陽直射，所綻放之光芒。

巳之義者：又作內在散發出來的氣質。其義說明：亮麗高貴之人，身上搭配的珠寶，如同珠寶週邊襯托的飾品一樣，雖亮麗，但也要配合高貴的內在氣質，則會像太陽一般，直射出的光芒，明亮美麗顯現出亮麗格調。

若出生在庚辰、辛巳年之人，其性情與特性如後：

白臘金出生的人，眼光比一般人高，本身即能散發出一種貴氣，同時也帶有一股無形的傲氣，故貴氣與傲氣，是週遭朋友討論的一件事。個性是屬於嫉惡如仇，不會拐彎抹角，也沒有心機，做事光明磊落則是特性之一。

白臘金出生的人，由於眼光較高，故姻緣路上，是屬於比較晚婚，能得幸福之人，若是太早婚則會後悔，過著生活壓力大，肩負家庭重任矣！幸得亮麗外表很得人緣，尤其是異性緣方面，宜小心處理。喜愛漂亮、喜歡古董珠寶，也是白臘金出生的人特性之一。常將自己、居所整理乾乾淨淨，更喜歡與有禮貌之人交往，是一位非常注重禮儀之人呢！若能在內在涵養與知識領域加強，配合天生麗質，亮麗高貴氣質在天行八運時期，一定可以大放異彩，受到許多人的注目，或成為名氣響亮之明星呢！年紀稍長者，則能含飴弄孫，老運不錯。

事業領域若能朝向珠寶設計或服裝設計、美容醫療、銀行方面能開展出一片天地呢！

何謂楊柳木？【壬午91年、癸未92年】

乃居家環境，公園裏之垂柳樹。其樹分為楊柳與垂柳兩種，楊柳樹之枝葉則向上揚，而垂柳枝葉則是向下垂也。

壬之義者：作極陰而柔、又作黑暗的一面。

午之義者：作極陽而剛也。其義說明：極陰而柔、所指即是垂柳樹。極陽而剛，指的即是楊柳樹。

午之義者：又作光明的一面。其義說明：天體運行至楊柳木時，無論經濟景氣，財富、人性，均呈現出兩極的現象。所以人類必須注意或擔心，尤其是環境受到嚴重污染，讓人面臨到新的挑戰，亦是黑暗與光明、正與邪、是與非，難分之時期。故行運至楊柳木時，人類重視保護環境意識抬頭，開始造林植栽，即是此理。

癸之義者：作天降災難，難以抗拒，同受共業也。又作有擔當，且向上揚眉吐氣之象。

未之義者：作正義的最後一道防線。其義說明：當天運行至楊柳木之年時，正義與邪惡的抗衡，最後則是正義站在光明的一方，邪惡信念之人則受到天譴，走上末路矣！其象就如同向上揚之楊柳樹與向下垂之垂柳樹，吉凶則分明矣！

未之義者：又作窮途末路，未來之路一片茫茫之象也。其義說明：有擔當、有勇氣面對邪惡挑戰之人，最後總有揚眉吐氣的一天，而邪惡之人，最後只能垂頭喪氣，無顏面對所有人的目光，其象如垂柳枝葉，其運窮途末路，故楊柳木即為此理。

若出生在壬午、癸未年之人，其性情與特性如後：

楊柳木出生的人，狀似柔弱，其實是外柔內剛之人，其特性有時柔、有時剛、有時正、有時邪，情緒讓人有時摸不著邊際，鐵齒的時候，任誰勸都不會聽，優柔寡斷的時候，則剪不斷理又亂。尤其是比較深沉的心思，不願隨意表達出來。故在表達方面則比一般人弱。

楊柳木出生的人，也會有韌性的一面，不容易就被敵人擊倒，故在適應能力方面比一般人強，做事雖然有兩極不同方式，皆能找到適當理由自圓其說呢！

固執、鐵齒，又帶有些懶散，則是楊柳木出生的人特性之一，故不是朋友或者另一半託付的對象，想要拜託他做事的人，耐心毅力則要特別強才行。喜歡沉思也是特性之一，故有時也會呈現細膩的心思，但不會有答案，甚至考慮了老半天，也沒有作出決定。

楊柳木出生的人，若是能在抉擇上，有果斷決心。在思想上，朝正向思維，顯現出正義的一面，在貴人氣運上及人際關係會有增長。尤其遇到挫折時，千萬不要垂頭喪志走向偏門使壞，才不會面臨行運衰敗時，最後走上窮愁潦倒之路。

何謂井泉水？【甲申93年、乙酉94年】

乃地下之水，井中之水或山泉之水。其特性寒冷，其味則甘甜，故其名為井泉水。

甲之義者：作高大枝葉青綠茂密之樹、又作廣大之田地。

申之義者：作引申灌溉之水。其義說明：古代農業社會，均會引接山泉水，作為飲用、洗滌或灌溉田地之用。故其名為井泉水，即是此理。

申之義者：又作七月節令。鑿井取水之象也。其義說明：古代先人，欲開鑿井取水時，則會尋找高大茂密樹木附近挖掘，其源由則顯現出先人智慧，找高大茂密樹木附近，必定有水源流經地底，向下開鑿，則少有失敗經驗呢！其二則是七月節令，溫度升高，乃是水源最豐沛的季節，選擇七月鑿井，則是一項方便的方法，故而引申取水灌溉廣闊之田地。

乙之義者：作鳥類棲息之地。又作唯一方法。或作乙醇乃酒類之化學名稱。

酉之義者：作池塘之地。其義說明：鳥類棲息的地方，附近必有水池、池塘之象。

酉之義者：又作酒也。其象說明：古代之人造酒時，皆會取用甘甜之井泉水來製作佳釀，其味則香醇，飲之則甘甜，遠代出名的則有杜康酒，近代則有紹興酒，據說皆取自井泉之水呢！故取用井泉甘甜之水，是唯一特別不同的口味，故其名為井泉水，就是這個道理。

若出生在甲申、乙酉年之人，其性情與特性如後：

井泉水出生之人，有貼心的一面，嘴巴很甜，故很得父母長輩的喜愛。但小時候的體質不是很好，常因體弱多病為醫院常客，讓父母勞心勞累。嚴重一點可能會因長期服用藥物，將身體搞壞甚至有抗藥性，也有一些井泉水出生之人，與父母親的緣份薄弱，過繼別人當養子、養女亦有之。一生之行運則會遭遇寄人籬下的情形，或離鄉背井，出外飄泊，打拼事業矣！

井泉水出生之人，一生想要發奮圖強，故對於金錢觀看得比較重，比較節儉。善辯、言語多讚美是其特性，樂天知命則是特質。不過也因為比較節儉，對於金錢看的比較重，故其人際關係必不是很理想，生活圈也比較小，一生貴人運則比較暗，一切要靠自己努力，辛勤勞苦經營自己的事業。

井泉水出生之人，一生有不錯的偏財運勢，相對比較下比他人容易中獎，若是能在人際關係方面加強的話，當天行八運年運興盛時期，則要掌握機會、優勢創造一片事業，可以衣食無憂，更可衣錦還鄉。

何謂屋上土？【丙戌95年、丁亥96年】

乃歷盡滄桑，塵土飛揚，烏煙瘴氣，砂塵暴之土。

丙之義者：作聖嬰現象，溫度提昇也。又作熱浪衝襲也。

戌之義者：作熱氣及塵土飛揚。

戌之義者：又作風霜雪雨，砂塵暴氾濫，流行病傳染之象也。其義說明：當天運運行至屋上土時，則會出現嚴重的砂塵暴，以及熱浪襲擊，三月下雪之天災不斷，傳染病流行，讓民不聊生，醫院一床難求之現象呢！亦是氣象學者口中的聖嬰現象開始，產生烏煙瘴氣，塵土飛揚、海嘯、地震之災難降臨人間。

丁之義者：作光明漸暗，失業率攀升，找工作處處碰釘子。又作社會敗類、小偷、刑事案件最多之年。

亥之義者：作是非八卦特別多。

亥之義者：又作互相抹黑、爭鬥不斷、傳染疾病最多之年。其義說明：當天運行至丁亥之年，人類倫理道德喪失，好人不敢挺身而出，社會八卦事件層出不窮，刑事案件增生，互相攻擊謾罵，都想將對方消滅，將仇恨帶到最高點。故屋上土就是這個道理。

若出生在丙戌、丁亥年之人，其性情與特性如後：

屋上土出生之人，要有忍耐堅定的信念，做事則要無怨無悔，才能承受不斷來襲的紛爭社會壓力，若能累積這種考驗與經驗，則能渡過多災多難的年運。而且不要將得失心看的太重，練就知足常樂的心性，一旦渡過低潮運勢，就可敞開雙手迎接光明的來臨，去開創自己喜歡的事業工作。

屋上土出生之人，天生勞碌命的潛在特質及大器晚成的特性則會顯露無遺。故常有替人開山斬棘打天下的命，如能學習樂觀上進的心，吃苦當吃補，則有機會向上竄升展現其才華呢！

屋上土出生之人，尤其身體較弱的體質，一定要留心保養及注意意外劫難發生，或面臨屋漏偏逢連夜雨之窘境，或遭受傳染疾病影響，要時時提醒、警惕自己，交朋友應以君子之交，不要隨意投資，把自己累的半死也賺不到錢糊口。

屋上土出生之人，從事工作不做自己不熟悉的行業，風險評估太大的不做，投資金額太大的事業不做，最好是以冷門的行業為佳，想要穩當平安，在人際關係上加強，不要自以為是各自為政，能在閒暇之餘能投身公益則是上策。

何謂霹靂火？【戊子97年、己丑98年】

乃亮光閃耀之火，喜歡大擺陣仗，九天號令，能急速辦好，一鳴驚人，煽動力強，能量俱足之火。

戊之義者：作普天同慶之煙火、又作天上星星閃爍。

子之義者：作迎接新的開始。其義說明：每逢喜事或迎神賽會，以及迎接新的一年時，有一連串的煙火、鞭炮聲不斷，一同普天同樂。故名霹靂火即是此道理。

子之義者：又作小孩子嬉戲煙火、放鞭炮。故名為霹靂火。

己之義者：作鞭炮串形之捲狀。又作自己心花怒放也。

丑之義者：作爆竹之聲響。其義說明：迎神賽會，迎接新年，所施放之鞭炮均是捲形狀，或用竹筒替用，故有爆竹之稱謂、及一句吉祥話說道：爆竹一聲除舊歲。

丑之義者：又作農曆十二月之最後一天，立春日之丑時，亦是新年的第一天，一早要拜天公之時辰，拜完天公之後，則鞭炮聲不斷。故名曰霹靂火，即是此道理。

若出生在戊子、己丑年之人，其性情與特性如後：

霹靂火出生之人，有極主觀的意識，急公好義的特性，行事果斷，作風大膽，肯冒險犯難。尤其很講義氣，所以很得人緣。平常則很喜歡出風頭，有一言九鼎，號令九天的特質。不過先天脾氣較急躁，脾氣較大的關係，也因此常常得罪小人而遭暗算。

霹靂火出生之人，要注意本身缺點，除了修正自己急躁的脾氣之外，還要注意，凡事不可強出頭，及喜歡冒險做大事，由於脾氣之因素，做事則後繼無力，故有成也自己、敗也自己之行運。

在貴人運方面，則常有人幫助，可以化險為夷，但不會有天天過年那麼幸運，當事業一鳴驚人、一炮而紅的時刻起，就要注意鋒芒外露，則會招來小人嫉妒與暗箭中傷。當成功之時，若能保持低調的話，才能保有不敗綿延不墜之運勢。

霹靂火出生之人，出生的家庭，也會有遭遇大起大落之運，故提醒其人應多從事公益活動，廣結善緣建立人際關係，不要隨便得罪人，與人為敵，在遭遇競爭時，能夠平心靜氣商量，切勿因為急躁之個性，將事情變成一發不可收拾之局面，在交朋友方面要謹慎小心，若是粗心不在意，因而被拖累牽連，嚴重甚至惹上官司，換來牢獄之災在所難免。

何謂松柏木？【庚寅99年、辛卯100年】

乃高大，能承受風霜之樹木，或作千年之參天古樹也。

庚之義者：作受盡各種不同折磨、又作天氣之變化也。

寅之義者：作風霜雨雪，不同季節變換。其義說明：凡參天古樹，必須經歷不同季節之風霜雨雪的浸害，受盡各種不同磨練，而留存下來，其中以松柏之樹，最能承受其折磨，故曰松柏木。

寅之義者：又作演化生命之意志。其義說明：松柏之樹，一般皆成長在高海拔之山地，反而生長在平地之松柏，沒有高山的長齡，且很快受到病蟲害而枯萎，而高山氣溫較冷，少有蟲害的問題。而生長在高山之松柏，則歷練不同氣候的變化，繁衍出堅忍生命的意志力，不像其它不能忍受風霜雨雪之樹，不是折斷，就是夭折死亡，其存活率則相當低。故松柏木就是有堅定之意志力，承受風雪而存活下來，就是這個道理。

辛之義者：作艱辛能忍之毅力。又作有味道之特性。

卯之義者：作山上特有種的樹木。其義說明：既為特有之樹木，則具備了艱辛能忍之毅力。

卯之義者：又作對抗或卯上之意。其象說明：高山松柏，皆隨時要抵禦大自然不同氣候溫度，故有卯上了之意。松柏木之所以有艱忍的毅力，能抗衡各種不同氣候變化，因此樹木本身體內有其辛味，故能拒抗大自然，而存活下來，就是這個道理。

若出生在庚寅、辛卯年之人，其性情與特性如後：

松柏木出生之人，有其堅忍不拔的毅力，做事能夠吃苦耐勞，可以靠雙手萬能白手起家，其個性表現上有其叛逆性，越是困難達成的事，就偏要去嘗試。因為意志力堅強，所以經得起任何的考驗，且不容易氣餒，更不容易放棄服輸，其性格剛硬，就是這個道理。

松柏木出生之人，在適應能力上表現不凡，其人在事業或工作上，少有失敗者，若有，則是怠惰成性或者態度太過於叛逆，得不到別人挹助，錯失機會招致失敗亦有之。

松柏木出生之人，若是在技藝、技術專長方面去研究發展，則能創造自己一個事業王國呢！不過待人比較吝嗇，捨不得花錢，也因為如此，流失好的人才、助手幫忙，紛紛掛冠離去。故松柏木出生之人，應好好學習領導統御，將缺點改善，其事業一定可以更為出色。

何謂長流水？【壬辰41年、癸巳42年】

乃細水長流，延綿不絕之水源也。

壬之義者：作水源也、又作自由自在任意奔放的流水。

辰之義者：作長而彎曲環抱之溪水。其義說明：溪水之源頭，來自於山谷之泉水，流入河川或溪河時，其距離長而遠，且多彎曲環抱，最終才流入大海，故曰長流水，就是這個道理。

辰之義者：又作農曆三月時，溪河、山谷之水，變細而少之象。其義說明：農曆三月是河、溪、山谷之水最少的時候，故會稱細水長流，說的就是這個道理。

癸之義者：作小而細之水流。又作天降小雨也。

巳之義者：作細小之水池也。

巳之義者：又作農曆四月時，河床乾枯，只剩下細小之流水，其形狀似水蛇。其象說明：農曆四月時，乃是雨季前，雨水量最少的月令，而河床乾枯，水庫則要見底，只剩山谷之細小水源流出。

若出生在壬辰、癸巳年之人，其性情與特性如後：

長流水出生之人，做事細心、貼心，是父母親、長輩心目中的孝子，細心則是做人處事，貼心則是對待家人，上至父母、公婆、長輩，下至妻兒，丈夫子女。冷靜的個性是許多經驗與磨練而得來的。有其特殊專長技藝的人，在事業上可以盡情的發揮。

長流水出生之人，是一位辯論人才，有獨到的眼光，有冷靜謀略的頭腦，對經營事業上，有一套與人不同的經營哲學與理念。其人緣、人際關係特別好，則是其特性之一。異性方面則要小心注意，以免犯桃花感情糾紛。

長流水出生之人，很有宗教緣份，在宗教領域上多修持，對於修身養性有相當大的助益。長流之水細而長遠，也是長流水出生之人，必須勤修與研究的目標，若能悟徹的話，其生意或事業則有加分效果，可以延綿流長之經營。

何謂砂石金？【甲午43年、乙未44年】

乃砂裏藏金，隱而不露之金也，或稱砂中金。

甲之義者：作隱藏不露、又作細小之砂石也。

午之義者：作陽光之折射。其義說明：隱藏不露之細砂，受到陽光折射時，則會顯露無餘呢！

故稱砂石金或砂中金，就是這個道理。

午之義者：又作午後之陽光。其義說明：午時陽光特強，直射在細小砂石上面，則產生出閃閃發光，其中以石英最為明顯。故稱砂石金，就是這個道理。

乙之義者：作一粒粒，顆粒狀之細砂。又作灰塵或一物難求也。

未之義者：作細小之砂塵遍佈也。其義說明：當天運行至砂石金時，其空氣中則有大量風化腐蝕力量，可以把細石風化成為細砂。故稱砂石金，說的就是這個道理。

未之義者：又作砂塵也。其象說明：當天運行至砂石金時，則會遍地砂塵，污染空氣品質，影響環境生態，當砂石漸少，變成砂石金，在一金難求之現象，讓全球民生物資及房地產漲幅到最高點。故稱砂石金，說的就是這個道理。

出生在甲午、乙未之人，其性情與特性如後：

砂石金出生之人，個性上比較內向、內斂，經過一番訓練與經驗，則能顯現穩重，踏實的性情。年少行運則隱藏不顯，其目的就是要加以訓練與磨練，大部分經的起考驗之人，都可以在事業上一展長才。

砂石金出生之人，情緒變化比較快，很容易感染到別人情緒，自己受到影響，尤其是忍耐方面，一定要下苦工，加強意志能力與耐心，否則會十做九失敗。對於自己不專精又不懂之事，容易做到一半缺乏耐性，就宣告放棄，則是砂石金出生之人特性。

砂石金出生之人，不能擁有太多之現金在身邊，會在經不起鼓動誘惑下花光，最好的法則就是置產，投資不動產則是保住老本最佳方法。身體則是要注意呼吸系統，消化系統方面問題，一旦輕忽，就會造成病源換來身體極大之痛楚，嚴重的話，則會造成終身遺憾呢！

砂石金出生之人，尤其是處理事情，不可太過於單刀直入，以免得罪小人，要改改不服輸之個性，更要改變學而不精之缺點，不能養成不良之習慣，一旦成為習慣者，想要改變回來難也，不可不慎。

何謂山下火？【丙申45年、丁酉46年】

乃氣弱之火，或為太陽下山之火。

丙之義者：作太陽即將下山之陽光。

申之義者：作下午三點至五點時刻。其義說明：太陽於每日申時，下午三點至五點時刻，準備要下山之景象，故曰山下火，即是此理。

申之義者：又作向下而降之象。其義說明：太陽於每日申時之後，當太陽準備緩緩下山的時候，陽光則慢慢減弱，直至黑暗為止，才結束白晝的任務。這段時間的太陽光，由柔至強、由強漸弱，漸至黑暗。故曰山下火，說的就是這個道理。

丁之義者：作接迎黑暗之灯火。又作黑暗中，從山上往下看，百姓家之萬家燈火也。

酉之義者：作下午五點至七點時刻也。

酉之義者：又作光明變黑暗之轉變。其象說明：每日的酉時，都在演變著相同的景象，當光明漸漸轉弱時，就是黑暗的開始，農民百姓在家中點燃一盞小灯，由山上至山下，點點而亮之灯，顧名思義就稱為山下火。

出生在丙申、丁酉年之人，其性情與特性如後：

山下火出生的人，雖有向上進取的心，以及強大的企圖心，可是往往都難免遇上挫折，或狀況頻出現，慢慢變成心有餘而力不足之結果。故其一生行運上總是出現勞勞碌碌，甚至心血付出，換來徒勞無功。

其原由不外乎，是自身意志力不夠堅定，及耳根子太軟，心胸不夠大，常將敵人當友人，甚至引狼入室，遇人不淑被出賣，還幫忙數鈔票呢！

山下火出生的人，一生行運照顧自己雖無問題，但若有家人負擔的話，就會顯得氣弱無力之感，以及出現身心乏力，久而久之，就容易把身體搞壞，甚至一身是病。

故建議山下火出生的人，應逐漸擴大生活領域，眼光應放長遠，不要事事與人計較及爭論不休，將自己辛苦經營的人際關係破壞，自我保護的意識要加強，免得錯將小人當貴人，貴人當小人矣！這些特質與特性若是能修正改善，不但可以照顧自己，亦有多餘之心思去照顧家中父老，盡自己一份孝心，而不是想做，卻是無餘心之力乎！

何謂平地木？【戊戌47年、己亥48年】

乃平地生長之植物，花木、樹木或作盆栽景觀之木也。

戊之義者：作天生不高之植物。又作天干中央之位。

戌之義者：作平地上矮短之植物。其義說明：平地之木乃為天生就是不高，及矮短之植物，名曰平地木，說的即是此理。

戌之義者：又作西北方位。其義說明：西北方位為乾卦之位，而乾卦則代表天，天乃帝之位也，或為中央位階之領導者，一矮配一短之盆栽樹，剛好是君王或領導者之最愛。像草皮庭園造景，都少不了平地木之點綴。故曰平地木，說的就是這個道理。

己之義者：作萎縮之狀。又作凡事皆要靠自己也。

亥之義者：作花草植物也。要按時修剪、施肥澆水也。

亥之義者：又作尾端之位也。顧名思義，物競天擇，花草植物，如要生存下去，都得靠自身努力，且排名在尾端，遭遇風吹雨打時，就像萎縮無辜樣子，未被人發現欣賞，植栽照顧之前，則是一文不值，反之，則能在一夕之間，成為價值不斐矣。故曰平地木。

出生在戊戌、己亥年之人，其性情與特性如後：

平地木出生的人，能在平凡中自得其樂，也能在平凡中，一夕間遇貴人提攜而成名，也可能在一夕間，突然變的富有，但也可能一夕間，變的一無所有，其一生行運很有傳奇性。不如松柏木有堅定意志力，是一個處處要受人呵護之植物，故其對於呵護的祈望抱著很大憧憬呢！更祈望受到處處呵護，疼愛的另一半。

平地木出生的人，雖有才華能力，得受人提拔，被賞識、被重用，才有脫胎換骨，飛上枝頭變鳳凰的機會，事業最適合在公務機關發展，做事認真，立穩崗位，說話頭頭是道，條理分明，若非公務人員，情況則隨環境而變異，隨著交友狀況而改變思想與作風。若能堅守其職，以務實做事，其一生行運雖平凡，起碼不會一夕變化太大，也能憑其所願，尋得愛護疼愛之對象。

何謂壁上土？【庚子49年、辛丑50年】

乃高貴美麗、精緻之土，或作為藝術之土也。

庚之義者：作更換裝飾。又作更換壁飾之工程。

子之義者：作牆壁修繕。其義說明：壁上之飾品，換裝重新裝潢，成為美輪美奐。

子之義者：又作粉刷油漆。其義說明：壁上土之修繕工程，與油漆粉刷，則是細膩帶有藝術之工作。故稱壁上土。

辛之義者：作辛苦工作。又作裝飾之器材也。

丑之義者：作默默做事也。其義說明：辛苦工作與默默做事者，均與房屋壁上修繕工作一樣辛苦，細膩中又帶藝術也。

丑之義者：又作隱藏之管線。其義說明：修繕改變牆壁，最重要的就是牆壁中的管線，其次則是如何選擇搭配裝飾之器材或顏色。故為壁上土。

出生在庚子、辛丑年之人，其性情與特性如後：

壁上土出生的人，有其細膩龜毛的一面，做事謹慎則是其特性之一，喜歡漂亮又有藝術的東西。有心事時不會一下子表現出來，就算是行善也是默默的做。嫉惡如仇，更是壁上土出生之人特質，恩怨是非分明，做事交代清清楚楚，是一位可以值得信賴的合夥人。在能力表現方面突出，耐心特強，雖愛美，但不奢侈，自成一種氣質美。喜歡聽別人的讚美，做事更是喜歡被肯定，對信任的人會產生依賴性，甚至對家人、親人過度仰賴，溺愛子女，寵愛丈夫是其缺點。

壁上土出生的人，最不喜歡被責備，一旦無故被責備，則會永遠討厭對方，若是自己的錯誤，被責備則會非常傷心自責。壁上土出生的人，若能在學識方面加強，一定有機會成為成功的事業家。

壁上土出生的人，無形中會顯露出喜新厭舊的習性，在未婚前則很會挑對象、換對象，雖細心、意志力卻是不強，因為喜歡聽好話、被讚美、被肯定的人都有一個共同缺點，就是耳根太軟。

何謂金薄金？【壬寅51年、癸卯52年】

乃表面耀眼之金，或作金箔之金也。

壬之義者：作隨性之創作。又作任意塗鴉也。

寅之義者：作表演之人。其義說明：每位表演工作者，均會隨性創作及臉上化妝，讓其突出耀眼，博取觀眾之掌聲及印象，故稱金薄金，說的即是此理。

寅之義者：又作舞者臉部之變化。其義說明：每一位表演藝術工作者，其臉部變化，也是吸引觀眾與否的重要肢體語言。

癸之義者：作包羅萬象。又作登高台表演也。

卯之義者：表示印象之作也。

卯之義者：又作顏色之變換。其義說明：金薄之金，為暫時性，表面化的一種金箔，就像某種物品，經過鍍金或貼裝金箔後，其形象的變化，存在於短暫之性質，就像表演過後，還是要恢復原來樣貌。故稱金薄金。

出生在壬寅、癸卯年年之人，其性情與特性如後：

金薄金出生的人，很有表演之天份，也具有親和力，在生意、外交、交際工作上，則會做的恰如其分，人際關係總是特別好，剛見面就可以讓對方信任，但用錯地方時，則是一名掩飾自己缺點的高手，嚴重一點，可能被其人騙得團團轉，還不自知呢！

金薄金出生的人，少年必遭遇一段坎坷的過程，及離家漂泊之行運，事業心強，肯吃苦則是其人特質。做事比較缺乏自我，遭遇挫折時，容易有自卑感，但做事也有執著的一面，喜歡誇大顯耀，或裝可憐，都要視情況而定，總言之，其一言一行都帶有表演細胞，若能往演藝界發展，一定可以成名得利。雖具勞碌心，若保有一顆善良赤子之心，偏門事業千萬別做，老運才能有享福的機會；反之則要辛苦勞碌至老及身心疲憊，身體每況愈下之下場。

何謂覆灯火？【甲辰53年、乙巳54年】

乃灯油將燒盡之火，或作付出而無回收，即將熄滅之火也。

甲之義者：作灯油也。又作油灯之油字，故由與油同義也。

辰之義者：作欲振乏力。其義說明：油灯之油將盡，灯火將熄滅，故欲振乏力，故稱覆灯火，說的即是此理。

辰之義者：又作振作之振字，故辰與振字同義也。其義說明：古代之人，夜間照明以油灯為主要器具，一旦油灯之燃油燒盡時，則產生欲振乏力之感。

乙之義者：作只有一個。又作睡覺也。

巳之義者：表示熄灯之動作也。

巳之義者：又作睡著了，其身體捲側之形也。其義說明：古代之人在睡覺之前，都會將油灯熄滅，其目的在節省能源及安全，且比較好入眠。故稱覆灯火，說的即是此理。

出生在甲辰、乙巳年之人，其性情與特性如後：

覆灯火出生的人，是一位對他（她）好懂得回饋之人，反之，則會遭其有形或暗中報復。記憶力好、反應敏捷則是其特性與特質。對於善待他的人，則會無怨無悔的付出，尤其是孝順父母之心，必比一般人還付出。

覆灯火出生之人，有強烈的正義感，專照光亮不及之處，可以犧牲也在所不惜，做事周到細心，追求完美、龜毛個性也是其特質之一。

覆灯火出生之人，是最好的輔弼人才，智慧謀略甚佳，是一位標準的替人打天下之命格行運，自己當老闆不一定能成功賺錢，做事負責、有責任感重，之所以接近完美的要求，也是原因之一，遇事能沉著不急不緩，一一面對是最大之優點。

覆灯火出生之人，做事決不會錯第二次，也決不會做輕易的決策，可是一旦決定，不是任何人能勸解，是優點也是缺點，固執、主觀，都是追求完美所養成之習慣。

何謂天河水？【丙午55年、丁未56年】

乃天降雨水，流入江河也。

丙之義者：作天上之熱氣壓。又作由晴轉變陰天之象也。

午之義者：作地上之熱氣。其義說明：當天上之熱氣壓，碰上地上之熱氣時，最容易下大雨，下了許多雨水，讓溪河水位升高，故稱天河水，說的就是這道理。

午之義者：又作午後之雷陣雨。其義說明：當晴天忽然轉變陰天時，就會有下雨之象，尤其是在午後，如有這種現象，其雨勢則會加大。故稱天河水，說的就是這道理。

丁之義者：作下雨聲、叮噹之響。又作人丁牲畜也。

未之義者：作屋頂上雨聲也。

未之義者：又作未雨綢繆也。其義說明：天將下豪雨，故應未雨綢繆，以免人丁與牲畜受到其害。

出生在丙午、丁未年之人，其性情與特性如後：

天河水出生的人特性，是一位重感情、有愛心、有同情心之人，喜歡居高臨下，有登泰山而小天下，把世界看的清楚，也將人性摸的很熟，若非太重感情，則是一位可以讓人傾訴心中話的對象，其事業朝心理諮商的行業發展，一定可以相當出色。

天河水出生的人，處理事情則冷靜以對，認真不擺架子，所以很得人心、得人緣。對自己往往要求很高，對自己管理比較嚴謹，是一位自我管理很好的人，思想正面，天生就有一股魅力，能吸引大眾的注意，是一位出色的公眾人物。

天河水出生的人，對於理財有一種天份，有一套完美的理財計畫，若非過於注重感情，及交友不慎的話，一生財運豐餘，故建議對朋友疏財的方式要慎重考慮，不要把自己當土地公來者有求必應，才不會遭受連累，置產也是保住老運的最佳方法。

何謂大驛土？【戊申57年、己酉58年】

乃馬車之休息站，或作有機肥之土也。

戊之義者：作開拓馬車行駛之路。又作建立驛馬站也。

申之義者：作開拓馬車行駛之人力。其義說明：驛馬休息站，如同現代社會的車站，開拓驛馬站則耗費很多人力。

申之義者：又作車水馬龍熱鬧非凡也。其義說明：一旦馬車行駛之路開通，驛馬站建立完成，南來北往、東西貫通，交通發達便利，所帶來的車水馬龍熱鬧非凡之象。故大驛土說的就是這道理。

己之義者：作建設完成之象。又作路上行人也。

酉之義者：作驛館裏之酒店也。

酉之義者：又作黃昏時刻也。其義說明：路上行人形色匆匆趕路，必須趕在太陽西下，黃昏之前到達驛馬站，否則前不著村後不著店。故為大驛土。

出生在戊申、己酉年之人，其性情與特性如後：

大驛土出生的人，天生喜歡遨遊四海，喜愛大自然，過著自由自在，不受拘束的生活，事業若是往觀光旅遊、大眾運輸工作、休閒相關產業，則能盡情的發揮所長。

大驛土出生的人，不太喜歡過平凡的生活，絕不會滿足一個相同的工作，其一生工作事業行運是換了又換，才會慢慢的穩定下來。對於自己喜歡的工作，則傾全力付出精神，反之，則呈現懶散的行為，所以一生行運高低起伏很大，可以說遇強則強，遇弱則衰也。當運勢轉弱時，就會出現情緒化的反應，充滿了複雜性，不滿對於自己付出應得而未能如願，都會有極大的情緒性反應，為大驛土的特質與特性。

大驛土出生的人，也有辛勤工作的一面及燃燒自己照亮別人的精神，只可惜個性過於衝動，無法克制自己的脾氣，以至於招來小人暗箭傷害，官司訴訟之行運，莫與人結怨，是畢生要修的課程。

何謂釵釧金？【庚戌59年、辛亥60年】

乃頭部之髮釵、或作飾物之金、或作項鍊耳環之金飾。

庚之義者：作頭部之髮釵。又作變換造型、或換不同造型髮釵也。

戌之義者：作髮釵之造型師。其義說明：髮釵之造型師以古代而言，是富貴人家婦女心目中重要的人物。

戌之義者：又作替婦女插髮釵之侍女或丫環。其義說明：除了造型師之外，侍女、丫環也得學習一技之長，替自己侍奉的夫人、小姐服務。故釵釧金說的就是這道理。

辛之義者：作項鍊、手環、耳環之飾物。又作辛苦之差事也。

亥之義者：作富貴人家之儀容也。

亥之義者：又作該有的禮儀、禮貌。其義說明：制造釵釧金的工程是一件辛苦的工作，一切皆以手工打造，為了就是富貴人家的禮儀，沒有釵釧金定型，頭髮散亂是非常沒有禮貌的一件事。

出生在庚戌、辛亥年之人，其性情與特性如後：

釵釧金出生的人，有機會出生在富裕的家庭，也有機會嫁入豪門，更有機會與達官貴人接近，有朝一日也有機會，靠自己奮鬥而成功，成為富貴人家，本身就散發出與生俱來的貴氣。

處事小心謹慎，愛漂亮，身帶貴氣是出生釵釧金之人的特質。個性外柔內剛，文靜中帶有雅氣、隨和中帶有威嚴、保守中帶有豪放、穩重中又帶有愛面子特性。

釵釧金出生的人，若從事與金飾、珠寶、鑽石之設計相關行業，一定能表現出色不凡，雖帶有貴氣，卻又不會難相處親近。其人緣極佳，常讓人家留下好印象，但卻不是一位好的領導者。在享受福氣之餘，若能從事些公益活動，拋磚引玉一定帶來熱烈迴響。

釵釧金出生的人，其身邊貴重的飾品，即是最佳的不動產，甚至也有機會當上明星，擁有許多粉絲。故一生貴人運勢極佳之命格，不過在中年之前，命運雖有波折，中年過後則一步步如履平地登上成功之路，一生最重要的功課就是修好口業，不談人是非。

何謂桑柘木？【壬子61年、癸丑62年】

乃蠶吃的桑葉樹木、或作柘樹之木也。

壬之義者：作蠶蟲吐絲也。又作韌性強、或海外銷售也。

子之義者：作蠶蟲也。其義說明：古代的養殖蠶業，是很重要的一種事業，它提供服裝絲綢的來源。而種植桑樹、柘樹，都是一種重要農作物，在生活上、衣食方面的重點事業。

子之義者：又作蠶寶寶。其義說明：為提供服飾、絲織品不斷貨源，須大量養殖蠶寶寶，因為其吐出絲品質較輕、柔、暖、韌、通氣之優點。故揚名海外。

癸之義者：作蠶吐絲在網上。又作撥蠶絲製絲被也。

丑之義者：作吐絲成繭也。

丑之義者：又作蠶繭裡面的蠶蛹。其義說明：養蠶人家之過程，雖得其利，但重要因素與來源，則出於桑柘木，或柘樹木。

出生在壬子年、癸丑年之人，其性情與特性如後：

桑柘木出生的人，是一位只懂工作，卻不懂如何收錢的人，也是一位大而化之的人，更是個標準的糊塗蛋。做事沒有基本原則，黑白兩道均會保持往來，擇友、交友更是來者不挑，故常因為朋友的事，而遭受牽連帶來傷害，甚至吃上官司亦有之。

桑柘木出生的人，在朋友求助時，不知如何開口回絕，行善之時也會默默的做。個性被動、沒主見，也是其人特性與特質。雖具有愛心，但不知如何做起？因為太容易相信人，因此也是受騙一族成員。在事業上則須一位能力強、細心的人來相助，否則成功只是短暫的光景。

桑柘木出生的人，尤其要注意小人暗害、出賣，更要改改沒有主見的個性，否則一生吃虧的行運不斷的發生。要堅守原則，若是疏忽兩項重要的事，挫折與風波不斷的上演相同戲碼，本身善行能得貴人相助，卻也是短暫的，最重要的靠自己智慧與能力排除困境，才是最終的法則。

何謂大溪水？【甲寅63年、乙卯64年】

乃清濁各有之水、或為溪水流動之狀也。

甲之義者：作溪之寬地。又作由天而降之大雨水也。

寅之義者：作溪水湍湍而流動。

寅之義者：又作溪床暴漲之水。其義說明：連日降下大雨，讓溪水暴漲，其湍流之水勢驚人。故為大溪水。

乙之義者：作彎曲之河川溪地之形。又作溪水暴漲，水從乙方沖破築堤，淹沒農田也。

卯之義者：作溪水上之漂流木也。

卯之義者：又作農田裏的農作物。其義說明：當天運至大溪水之年時，雨水氾濫成災淹沒農田，損害農作物及溪水上之漂流木，讓以農維生之人民，生命財產受到嚴重的損失。故為大溪水。

出生在甲寅年、乙卯年之人，其性情與特性如後：

大溪水出生的人，一生運勢上則是好壞參半，因為環境因素及所結交的朋友所致，所謂清者自清，濁者自濁。近朱者赤，近墨者黑。尤其沾染到政治、政黨的話，其清與濁壁壘分明，若從事宗教者，也會形成宗教上的狂熱份子，所以行事不得不小心謹慎。

清者，如蓮花出污泥而不染。濁者，受人利用或誤入歧途，踏出錯誤的第一步，對現實生活種種不滿之人。故大溪水出生的人，則要在思想、生活教育上加以費心，減少負面思想能量，少碰觸偏門的行業，多激勵其人之上進心，切記！不要被外在欺騙，不要想一步登天，如此成功之門為您而開。

大溪水出生的人，在少年行運雖逢挫折不斷，要堅定毅力，克服眼前一切難關，想要成功沒有經過挫折、失敗如何成就事業。若是講求速成雖可以嚐到甜果，所謂來的快也去的快，不懂經營守成，在錢財散盡之時，就是跌落谷底無脫身之日。想要讓自己在今生運勢強一些，應克服自身障礙，克制易怒脾氣之特性，及好壞不分之特質。

何謂沙中土？【丙辰65年、丁巳66年】

乃沙質裏面夾雜之泥土、或作沙與土混雜一起。

丙之義者：作風沙也。又作曬乾之沙也。

辰之義者：作塵土飛揚也。

辰之義者：又作滲水之土。其義說明：當天行運至沙中土之年，就要注意土石流的災難，及沙塵暴的侵襲，以及乾旱水庫無水的問題。

丁之義者：作人口牲畜。又作伐木之聲響也。

巳之義者：作積凝之泥沙也。

巳之義者：又作土石流四處流竄。其義說明：土石流的形成，乃過度破壞山林樹木及自然生態，泥沙失去依附，瞬間滲入大量的雨水超過負荷，四處流竄造成人與牲畜受其災害。

出生在丙辰、丁巳年之人，其性情與特性如後：

沙中土出生的人，適應環境的能力很好，但對人與人之間的情感處理，常會遇到問題亮起紅燈，可以說是感情上的白痴。平時就應該妥善謹慎的經營，不要等到火山爆發，再做處理也是枉然。在交朋友也一樣，一定弄得一身傷或遭人背叛才願意相信。其人一生行運，則是小人是非、紛爭不斷。

沙中土出生的人，平時生活細節要注意，不可以有懶散行為，對任何事都不太在意，等到被害、背叛時，總是被蒙在鼓裡最後一個知道的人。凡事想爭並不是不好，對自己的權益即將損失時，想要爭取時會有施不著力不是嗎？事業、財運方面屬於慢慢匯聚而成。

沙中土出生的人，所謂成敗論英雄，其事業運想要旺盛成功，就應好好的省思一下，改改好爭，無所謂的個性。若是不好好把握，做了也是白做，成了名符其實的，為人做嫁陳友諒打天下的命格行運，

刻苦耐勞則是其人最大的優點，風塵打滾亦有之。

何謂天上火？【戊午67年、己未68年】

乃愛出風頭之火、或作天上的太陽火球也。

戊之義者：作天上之火網。又作強烈的太陽紫外線也。

午之義者：作地上燥熱的溫度。

午之義者：又作烈日暴曬的農作物。其義說明：當天行運至天上火之年，太陽的紫外線會特別的強烈，地上的溫度則會攀高形成旱災，讓農作物枯萎，人與牲畜受害，傳染病增加，人的脾氣變得急躁，社會案件增加，乃作天降災難，人招禍之年運。

己之義者：作各自保命。又作最熱的時刻也。

未之義者：作最高峰之處也。

未之義者：又作如世界末日。其義說明：當天行運至天上火之年，天上太陽火球，溫度會特別

高且熾熱，就如同世界末日一樣，人牲死傷遍野，農作物枯死，農地乾旱，任其荒涼，無收成年運災難。

出生在戊午、己未年之人，其性情與特性如後：

天上火出生的人特性，是一位做事講義氣，公正無私，最適合行業法官、律師、仲裁之工作。熱心公益、好管閒事、喜歡行俠仗義，好像武俠小說裡面的主角。之所以行俠仗義，一開始喜歡出風頭，慢慢的由仗義直言，正義感轉變為行俠仗義之人。

天上火出生之人，說話言行一致卻因個性急躁，脾氣也大，若非公正無私、做事豪爽、講義氣的話，恐怕不會有那樣多的支持者。尤其度量大，解決問題時，有強勢的作風，讓雙方皆取得平等的立場，所以一出馬容易將事情喬好。

天上火出生的人，要注意愛出風頭、及愛強出頭愛表現自己的個性會為自己招來嫉妒，在不自覺下受人利用擺佈，更要注意強勢作為會得罪許多小人呢？天上火出生的人，也有才華洋溢的一面，對於執行能力、管理企業方面有自己獨到的見解，善用為自己再開創出一條成功的商機。

何謂石榴木？【庚申69年、辛酉70年】

乃石榴樹、或作果樹之木也。

庚之義者：作綠葉換紅花。又作石榴樹之年紀也。

申之義者：作七月開花季節。其義說明：在每年農曆七月是石榴樹開花季節，從綠葉轉變成滿街都是紅色的石榴花。故稱石榴木。

申之義者：又作伸手採擷紅花。其義說明：移植、植栽石榴，皆要用三年的時間培植才能開花結果，伸手採擷紅花，則說明石榴花是紅色的，可以製藥驅蟲，可見石榴在古代社會的重要性。

辛之義者：作辛苦栽種。又作石榴樹脂根或皮，其味辛也。

酉之義者：作農曆八月也。

酉之義者：又作八月季節，開始採摘石榴果。其義說明：辛苦栽種石榴樹，要辛苦培植三年才會開花結果，等到八月採收季一到，開始收成果實，剩下其樹之根皮也一併拔起，製成驅蟲藥物來用。再重新栽種重新的一批石榴樹，如此循環週而復始。

出生在庚申年、辛酉年之人，其性情與特性如後：

石榴木出生的人，有一種勇於犧牲奉獻之精神，無論任何事情，追根究底，甚至打破沙鍋問到底的個性。若從事行業與研究，或研發精密的高科技，是最適合的工作與事業。個性上又有一種特質，就是頑皮任性，帶有逆境思考的邏輯。脾氣發作時，亂無章法，但本身卻具有開發無窮的潛力。

石榴木出生的人，總有歇斯底里雜亂情緒發生，也因此常得罪許多朋友，產生誤會而疏遠。固執己見、鐵石心腸，則是朋友給予的評論。剛直木訥，則是身旁之人給予最貼切評語。

石榴木出生的人，天生一副勞碌，常做燃燒自己，照亮別人的先鋒者，專做別人不敢輕易做的事，而別人只會在其背後，找適當機會分享其人風采。尤其在理財方面，也做先鋒馬前足，投資出去的，如肉包打狗，但是別人就是利用此點，自己很嘔卻只能眼睜睜看自己辛苦付出的代價，竟然是別人賺大錢。

何謂大海水？【壬戌71年、癸亥72年】

乃百川之水的終點、或作海洋也。

壬之義者：作大水也。又作大水之脈源、又稱百川之水也。

戌之義者：作大地也。其義說明：大地容納百川之水，形成海洋。

戌之義者：又作大地之水的脈源、又為出水口也。其義說明：百川之水源，流向最終目的：大海。與大海交接之處則是出水口。

癸之義者：作一望無際。又作天癸之水、又稱海水為天癸之水矣！

亥之義者：作海也，故亥字與海字其義相同呢！

亥之義者：又作驚濤之嗨也，故亥字與嗨字其義相同矣！其義說明：大海之水，乃地球形成之時即有，且無邊無際，永不乾枯，故其名謂天癸之水，即是此理。而亥字與海字其義相同之因由，則是在於驚嘆之詞，故加口部首成嗨字，乃驚嘆天之傑作，故亥字為海、為嗨其義相同，就是這個道理。所以命理老師，常將壬字引義為陽水或大水。將癸字的引義為陰水、小水、露水。前壬字字義是對了，但癸字字義則是錯的離譜，甚至把亥字引義為水，也只說對了字義一半，另一半則應引義本文之海與嗨字，才是亥字最佳詮釋。

出生在壬戌年、癸亥年之人，其性情與特性如後：

大海水出生的人，有容乃大的度量，是大海水出生之人，應學習的一門功課，度量越大，事業就有多大，這個哲學理論更是大海水出生的人應學習的課程。

喜歡大海的自然與霸氣的特質，故小格局的事業不會被考慮，也不會被看在眼裡。尤其是過高的眼光，獨斷、帶霸氣的行事風格，常在失敗與成功的一線間上拉扯，也顯露出喜歡冒險之人的性情。

大海水出生的人，少年行運則比較漂泊不定，由於經歷漂泊不定，與風波挫折的行運，久而久之練就出與眾不同的管理哲學。由於大海水出生的人，重感情的問題，一旦沒有應對好冷靜面對處理，失財不說，其商業信用也遭受牽累，所謂水能載舟，亦能覆舟，更何況是大海行舟、行船，一旦翻覆，損失則相當可觀。

註：筆者對撰寫六十甲子納音，只是針對文字特性，及對納音的由來，做一個幾十年來，像謎一樣的問題，來解釋而已，至於在納音年出生之人，筆者的詮釋，其目的在讓讀者對納音有一番認知，其特性與特質，只佔一小部分而已，僅供讀者參考，至於準確度如何？則還須因人而定，最重要的不同的環境，思想教育、結交朋友，經濟問題等等因素，都有可能一夕間而變，不是嗎！

六十甲子納音特性

甲子坐命：【屋上之鼠】，主塵鏡生輝，孤高超俗，多學少成，博聞強記，作事疑慮，不驕不吝，無傲無諂，志氣豪逸，心性不拘。可謂：「伶俐賢能之命。」

乙丑坐命：【海內之牛】，主煮茗對月，心性恬淡，為人耿介，膽氣英豪，高瞻遠矚，好事多磨，幾番挫折，巧中成拙，方能體悟。可謂：「善良純和之命。」

丙寅坐命：【出林之虎】，主渴馬飲泉，藝業工巧，學術清明，高人欽敬，小人妒嫌，能立紀綱，善審法度，件件親手，般般自造，可謂：「曉事通達之命。」

丁卯坐命：【望月之兔】，主菊徑尋春，氣宇軒昂，眉清目秀，隨機應變，知識頗高，能分尊卑，而別貴賤，大寬小急，緊慢不勻。可謂：「性巧福分之命。」

戊辰坐命：【清溫之龍】，主枯蓮得露，剛柔並濟，愛群度量，勞心見卑，發福來遲，立志不一，有始無終，作事躊躇，當斷能安。可謂：「隨遇而安之命。」

己巳坐命：【福氣之蛇】，主待風駕帆，才冠群眾，祥瑞之曜，安靜家中，出現囉唣，尷尬微處，宜求神佑，親如陌人，外有知音。可謂：「吉人天相之命。」

庚午坐命：【堂倌之馬】，主藍田種玉，雀巢生鳳，蚌腹剖珠，男柄持家，女則榮夫，心慈坦然，諸般奔忙，先難後易，圖謀必展。可謂：「外逢貴人之命。」

辛未坐命：【得祿之羊】，主層冰見日，名利之耀，福德之星，自成規矩，並捌門庭，當家若早，操勞亦是，憂慮於忘，發達則遲。可謂：「建家立業之命。」

壬申坐命：【清秀之猴】，主明月梅花，性巧聰明，事必躬親，遭誆痛心，行善成冤，男受人敬，資質英敏，女貌豔麗，賢淑德慧。可謂：「鶼鰈情深之命。」

癸酉坐命：【露宿之雞】，主飢鳥投林，唇舌能辯，事業艱辛，亦費經營，萬般制度，三思進退，百種縈迴，宗族拋離，資財聚散。可謂：「凶中變吉之命。」

甲戌坐命：【守身之狗】，主雲天竹影，心懷不足，作事進退，雖是竭力，亦難有成，花開逢雨，月皎雲遮，遠有知音，近視如仇。可謂：「六親緣薄之命。」

乙亥坐命：【返往之豬】，主月照寒潭，幼運多滯，孤獨自在，無現成福，祖財難靠，親戚無情，知心者少，我知者多，歷事極稀。可謂：「自立奮發之命。」

丙子坐命：【田畦之鼠】，主月照芙蓉，慷慨無吝，安閒之居，亦為難靜，享福之處，未得優游，見識高明，謀略有權，桑榆方佳。可謂：「大器晚成之命。」

丁丑坐命：【湖泊之牛】，主蟾宮捕兔，謙和睦鄰，鑿山開路，掘井汲泉，精於設施，善于佈局，能知輕重，又別賢愚，奈何運蹇。可謂：「時節未逢之命。」

戊寅坐命：【峙山之虎】，主浪裏淘金，胸襟灑落，氣宇高明，生來磨難，曾經霜雪，勿圖好看，應知斟酌，生涯守舊，活計靠薪。可謂：「循序漸進之命。」

己卯坐命：【林蔭之兔】，主天曉燃燈，自然悠閒，嬉戲無欺，剛柔兩濟，吉凶同門，事親費力，務自當心，不耐俯仰，幾番拗曲。可謂：「靠祖成身之命。」

庚辰坐命：【恕性之龍】，主雪裏尋梅，勞碌風霜，所憎邪佞，會解凶災，平生事業，如同燕巢，一世親情，好似藏面，榮枯反覆。可謂：「風雲變幻之命。」

辛巳坐命：【冬藏之蛇】，主月下子規，衣食足用，好夢迂迴，徒勞無功，棟樑之材，嫌隙疑重，謀事難週，彩雲頓散，琉璃易碎。可謂：「龍吟豹變之命。」

壬午坐命：【軍旅之馬】，主枯松立鶴，父母刑傷，災厄可折，運晦緩遲，身位不榮，有祿難圖，恩中招怨，親同陌路，等閒莫怨。可謂：「事應積蓄之命。」

癸未坐命：【群居之羊】，主乘舟渡海，風雲之志，量長較短，識重知輕，險中能解，辛勤耕耘，性躁心慈，行運晦滯，靜觀自得。可謂：「堅信牢守之命。」

甲申坐命：【過樹之猿】，主披雲看月，才冠群雄，初年顛倒，沉埋志氣，辜負聰明，朝生南岳，暮長北京，晚歲利達，身心安定。可謂：「歷經風霜之命。」

乙酉坐命：【唱午之雞】，主驚魚落沼，易嗔易喜，省力蹭蹬，已就辛勤，目下無憂，心不自由，雖好磁基，必經琢磨，始得功成。可謂：「先難後易之命。」

丙戌坐命：【自眠之犬】，主秋燕營巢，處世熱心，名利蹉跎，幾番恩怨，成中見破，百計千方，退神一箇，晚景從容，隱疾先侵。可謂：「急風行船之命。」

丁亥坐命：【翻山之豬】，主垂柳鳴蟬，經風涉浪，渡水穿山，襟懷慷慨，骨格清奇，性耿心直，是處成非，秏損資財，官刑退伏。可謂：「龍蛇混雜之命。」

戊子坐命：【倉廩之鼠】，主治金出躍，始辱終榮，後通先否，離祖別親，移南就北，拈花摘果，涉浪經霜，翻來覆去，雨驟風狂。可謂：「身心未穩之命。」

己丑坐命：【欄內之牛】，主巨流歸海，機謀廣大，恃強好勝，人說綽綽，自恨區區，高人見重，小輩妒嫌，忙裏偷閒，靜中思動。可謂：「事必躬親之命。」

庚寅坐命：【嶙峋之虎】，主鳴絃柳陰，出言有信，作事敢為，小人誣指，惹事招非，外裝好景，內少堅牢，玉蘊石山，珠藏深淵。可謂：「待時而重之命。」

辛卯坐命：【蟾窟之兔】，主寒日飲水，身未清閒，受人諂曲，昆仲寡合，親族難睦，口說短長，心無酷毒，因失商量，笑而生哭。可謂：「禍中得福之命。」

壬辰坐命：【行雨之龍】，主鳴鳳棲竹，費力勞心，六親虛花，手足畫餅，熱心者少，冷眼者眾，飽嚐風霜，受盡憂愁，百計未順。可謂：「韜光養晦之命。」

癸巳坐命：【草叢之蛇】，主孤舟入海，當進未握，多憂疑慮，奔波勞力，踏破雙鞋，兄弟吳越，父母冤家，辦事偃蹇，立性蹊蹺。可謂：「上山費力之命。」

甲午坐命：【雲中之馬】，主夜下鳴琴，為人耿直，六親無力，求須二蒂，方許一丈，身帶暗疾，又怯尋醫，根基雖穩，時運乖違。可謂：「藏器待時之命。」

乙未坐命：【敬重之羊】，主谷鶯遷木，心無私曲，一片慈悲，三分是非，移桃接李，幾翻遭傷，換葉亙根，成中防損，折柳方佳。可謂：「革故鼎新之命。」

丙申坐命：【山麓之猴】，主凍鱗出水，傾吐胸懷，辜恩負義，心在四方，志存別處，靠祖難成，自創能展，三翻改冠，四度立計。可謂：「得陽春轉之命。」

丁酉坐命：【獨立之雞】，主炎天破扇，笑裏成憂，親戚無義，朋友多緣，性乖伶俐，自然天賦，赤心報效，反遭尺誅，得錢鬼偷。可謂：「莊周鼓盆之命。」

戊戌坐命：【進山之犬】，主深谷樵薪，芝蘭巖上，松柏山間，克紹箕裘，時運未濟，六親乏助，情誼相疏，得貴提攜，事必成功。可謂：「瓜甜帶苦之命。」

己亥坐命：【道院之豬】，主垂簾獨酌，成敗不常，進退未定，攘攘逐名，區區求利，贏人百萬，自損三千，葉茂花繁，密雲無雨。可謂：「秀而不實之命。」

庚子坐命：【樑上之鼠】，主飛螢放火，孤中有兢，短處求長，艱辛即早，發達恐遲，未老頭白，無事煩惱，逢神宜拜，禮佛應誠。可謂：「黃連甘草之命。」

辛丑坐命：【路途之牛】，主雲頭望月，旱苗祈雨，枯木待春，美事反拙，益處遭嗔，身在襄陽，心思海涯，千般憂慮，百樣營求。可謂：「秏盡精神之命。」

壬寅坐命：【越嶺之虎】，主秋巖老桂，立性優柔，昆仲義虧，親戚忌恩，高士器重，小輩嗤鼻，人情易變，作事炎涼，晚景光華。可謂：「思慮繫絆之命。」

癸卯坐命：【林泉之兔】，主寒月懸空，遵守法度，並立綱紀，善辨賢愚，能分皂白，堪作棟樑，或為領導，妻助微薄，兒女情疏。可謂：「百斤重擔之命。」

甲辰坐命：【伏潭之龍】，主犬鶩逐鹿，處世不拘，辦事無終，難以容情，更少通融，隻手自扶，財帛少得，與朋交友，用功未償。可謂：「逆行反照之命。」

乙巳坐命：【出穴之蛇】，主高山暮雲，膽識過人，見事敏捷，十步九計，焉得安閒，雖帶指背，無傷大雅，暮年交運，晚景安寧。可謂：「隨分獨立之命。」

丙午坐命：【行路之馬】，主秋雁展翼，歷經磨練，親眷如冰，昆仲似鐵，魚在水中，冷暖自知，虎狼無傷，荊棘留跡，逢貴提拔。可謂：「佳境在後之命。」

丁未坐命：【離群之羊】，主驚鳥脫網，機智能謀，勿存僥倖，財帛外積，富貴內施，朝暮奉善，方便慈悲，得意休進，臨事多省。可謂：「晚節黃花之命。」

戊申坐命：【獨立之猴】，主鶯啼鳳舞，初運駁雜，早歲辛勤，骨肉冰炭，財源風雲，百計千方，事亦難成，近鄰無親，遠朋尊重。可謂：「離鄉背井之命。」

己酉坐命：【報曉之雞】，主巖畔落花，深思遠慮，營繕費神，耿介心慈，性高氣硬，難忍曲直，不沾便宜，分青理白，補短牽長。可謂：「巧得空去之命。」

庚戌坐命：【寺觀之犬】，主石上栽蓮，喬木標格，孤月精神，見事至誠，率性坦然，兄弟寡和，骨肉相疏，熱誠招非，吃虧嘔氣。可謂：「管事惹愁之命。」

辛亥坐命：【房舍之豬】，主荒園種松，海邊造屋，立杆難牢，進退憂疑，靜觀悟妙，親情無分，骨肉成冤，遠則人敬，近必相藐。可謂：「得勢應謙之命。」

壬子坐命：【簷下之鼠】，主浪裡乘槎，大事難就，小事深信，千斤不爭，分釐計較，能知進退，亦識高低，吉處招凶，凶中反吉。可謂：「思慮多憂之命。」

癸丑坐命：【欄外之牛】，主逆水行舟，知識高明，見諦廣泛，是非難定，成敗無常，小急大寬，喜悅怒嗔，時來運轉，收獲甚豐。可謂：「金盤堆果之命。」

甲寅坐命：【立定之虎】，主霖雨望晴，立性質樸，處世老成，巧謀多盡，舉用待商，施恩招怨，燒香引映，好事蹉跎，機會差失。可謂：「騎馬乘龍之命。」

乙卯坐命：【得道之兔】，主魚游春水，性直善淳，清高近貴，內在未足，外觀有餘，劣學苟求，拙於俯仰，獨將當鋒，難為敵怯。可謂：「寒潭印月之命。」

丙辰坐命：【天上之龍】，主降雪遇風，孤雲出岫，野屋乘風，東岸栽松，南園種竹，父母過客，兄弟殘星，無念故鄉，四處是家。可謂：「閒雲野鶴之命。」

丁巳坐命：【池塘之蛇】，主春日觀花，親誼秋葉，人情春冰，成敗多端，利名進退，運乏朱紫，終須林下，禮佛修身，逢貴攜護。可謂：「芝蘭幽谷之命。」

戊午坐命：【廄內之馬】，主逆浪網鱗，離鄉開創，靠親無福，生涯蹭蹬，活計偏枯，白日奔馳，黃昏失算，進中思退，勞而無功。可謂：「秋月蟾光之命。」

己未坐命：【草野之羊】，主獨立觀蓮，風雷之象，有聲無形，巧中成拙，翻正為邪，得三月雨，用五更潮，為人替手，少有知音。可謂：「鏤塵吹影之命。」

庚申坐命：【食果之猿】，主蛺蝶穿花，衣祿無虧，壽元耄耄，高賢欽慕，小人憎嫌，破而復成，施恩反嫉，久困逾後，始能發達。可謂：「井鱗出沼之命。」

辛酉坐命：【籠藏之雞】，主古鏡重磨，志氣寬宏，襟懷豁達，惜花春早，愛月遲眠，家中七件，鬱抑誰知，方外奔波，內無安閒。可謂：「苦中作樂之命。」

壬戌坐命：【顧家之犬】，主風飄柳絮，機謀操略，名利方圖，不曾膽大，豈有巧言，與友相交，恐易聚散，親同陌路，祖業難招。可謂：「混沌晦明之命。」

癸亥坐命：【林籔之豬】，主遊蜂結蜜，應事藏機，出言壓眾，挺若寒松，堅如孤月，尋常煩惱，每日奔波，一遇知己，事業駿鴻。可謂：「孤高秋月之命。」

百家姓氏五行納音釋義

人類在圖騰與甲骨文時期，皆由母系社會所領導，其部落族群個個取一族氏來代表自己稱號，如伏羲氏、神農氏、軒轅氏等，在歷史上比較具知名的部落族。直至黃帝的史官——「倉頡」創造出文字、樂官——「伶倫」創造出音樂，特別是文字的創造發明，對於文明與人文的開啟，則佔最重要的一環。於是黃帝藉由文字的發明，昭告天下賜「姓」諸侯，由母系社會邁入了父系社會開端。

百家姓之一詞，眾家說法不一，其實簡單的解釋，即是老百姓稱謂的源由呢！意思說老的一百姓，由軒轅帝在位時所賜封的，因恰滿一百位，故為百家姓或為老百姓，說的就是這個道理。

百家姓之姓氏五行納音釋義，起源於黃帝制樂五音絲數，五音者宮、商、角、徵、羽。宮音五行納音為土、商音五行納音為金、角音五行納音為木、徵音五行納音為火、羽音五行納音為水。後由黃帝樂官伶倫，創制十二律呂樂音，結合五行納音，故有納音文字之展現。而姓氏五行納音乃應運而生也。只可惜伶倫所著「樂經」一書，失傳已久，時下所傳承四書五經中，卻是獨失「樂經」一書，不然所傳於後世應是四書六經才對。

筆者在一次偶然機緣下，有幸窺知「樂經」一書，書中所記載之納音釋義，筆者結合八運時期，對納音文字，以最淺顯方式說解，在現今社會姓名學百家爭鳴中，祈望讀者諸君對姓名學有另一番認知，建立自己對文字認知，有助於文字傳承得以延續，別讓現代人國語文程度越來越弱，是非曲直愈難分辨。

姓氏五行納音，乃幫助讀者在命名、取名或易名，對其中姓氏之喜忌注意事項做說明，在喜的方面則可以合夥或聯姻，忌的方面若要合夥或聯姻，就要特別注意名字的搭配，而如何選用適當的文字來取名、命名、易名，化解姓氏與姓氏間之喜忌，降低無形的傷害是一門重要課題。※歡迎有興趣之人，報名上課「六書姓名課程」。

姓氏與姓氏間，無論合夥或聯姻，其納音五行為喜之人者，在無形中則增加吉運，減少人與人之間相處意見不合，紛爭或小人暗箭傷害之運，在財運上可以旺運，錢財得以守住，更減少社會與家庭糾紛事件，讓社會與家庭更祥和安樂矣！以下文章筆者針對百家姓氏說明如後：

趙姓

納音五行屬性為金。忌火姓、水姓。喜木姓、土姓。

若與火姓合夥或聯姻者：做事容易被牽絆、束縛，有志難伸、賺錢守財不易，身宮也會比較弱象，常有病疾或意外之災，小人暗箭傷害，與人合夥則容易意見相左，與人聯姻則容易爭吵，嚴重的話，離異亦有之。

若與水姓合夥或聯姻者：做事容易被挑剔嫌東嫌西，辛苦勞碌不在話下，錢財守不住，甚至被人牽連、倒帳而受害，屬於燃燒自己，照亮別人之格局，與人合夥容易被騙，與人聯姻則容易被欺侮，甚至對象有外遇亦有之。

若與木姓合夥或聯姻者：做事能夠掌權，有志得以伸展發揮，賺錢機會很多，但不宜有過度投資，不然身陷其中無法自拔，與人合夥則是領導格掌握權力，與人聯姻能得到對方信任，甚至成為家族中所依賴的樑柱。

若與土姓合夥或聯姻者：則能處處受人照顧，得到長輩喜愛，一生行運多貴人助運，減少挫折與失敗機會，財運方面能賺取相當酬勞，甚至偏財運不錯，或得父母遺留之財產呢！與人合夥或聯姻則能相處愉悅，夫唱婦隨恩愛一生。

若與金姓合夥或聯姻者：其表現為次吉之運。

趙姓與火姓如下：姓鄭。姓盛。姓巴。姓武。姓劉。姓甄。姓夏。姓孟。姓伍。姓段。姓韓。姓年。姓盧。姓殷。姓熊。姓羅。姓聶。姓屈。姓尹。

趙姓與水姓如下：姓凌。姓祝。姓湯。姓汪。姓江。姓洪。姓雷。姓岳。姓彭。姓溫。姓沈。姓尉。

趙姓與木姓如下：姓李。姓宋。姓季。姓林。姓余。姓徐。姓柯。姓朱。姓梅。

趙姓與土姓如下：姓王。姓卓。姓黃。姓甘。姓董。姓苗。姓巫。姓萬。姓薛。姓葛。

趙姓與金姓如下：姓趙。姓金。姓張。姓高。姓簡。姓白。姓何。姓譚。姓章。姓童。姓鍾。姓郭。姓丁。姓阮。

錢姓

納音五行屬性為金。忌火姓、水姓。喜木姓、土姓。

若與火姓合夥或聯姻者：做事容易被誤解，常常因為小事而吵架，難溝通，經濟狀況容易出問題。做事常有無力感，合夥者意見不合，怪東怪西，錢財交待不清，聯姻則因經濟出問題時，走向離異之路。

若與水姓合夥或聯姻者：做事容易被挑剔，怎麼做怎麼錯，付出好像是應該。得不到善意的對待，徒勞無功，勞碌一生。投資血本無歸，注意被倒會，切記勿背書，否則將走上法院，官司將沒完沒了。

若與木姓合夥或聯姻者：做事能夠掌權，雙方意見相同，志趣相投，能够互補缺點，相處愉快，互相信任。合夥投資可行，聯姻則能婚姻美滿，雖有小吵架，但很快就能溝通，付出皆有得到回報哩。

若與土姓合夥或聯姻者：則能處處受人照顧，得到長輩疼愛，出國深造，受國家重用，更有機會在仕途上，更上一層樓，更是一位出眾的公務官員，與人合夥則得天助，與人聯姻則能得神助，是令人羡慕的家庭，家財萬貫亦有之。

若與金姓合夥或聯姻者：則為次吉之運也。

錢姓與火姓如下：姓鄭。姓盛。姓伍。姓韓。姓年。姓盧。姓熊。姓羅。姓聶。姓屈。

錢姓與水姓如下：姓湯。姓岳。姓彭。姓溫。姓尉。姓褚。

錢姓與木姓如下：姓米。姓宋。姓季。姓林。姓柯。姓朱。姓柏。姓陳。姓樊。姓秦。姓樂。姓黏。姓樓。

錢姓與土姓如下：姓王。姓卓。姓黃。姓甘。姓董。姓苗。姓巫。姓萬。姓鞏。

錢姓與金姓如下：姓金。姓周。姓呂。姓田。姓吉。姓張。姓高。姓白。姓商。姓簡。姓何。姓方。

孫姓

納音五行屬性為金。忌火姓、水姓。喜木姓、土姓。

若與火姓合夥或聯姻者：則要注意被子女忤逆，或受其牽連，在外惹事生非，常讓父母傷透腦筋，在工作事業或者學業的表現，半途而廢、三心二意，與人合夥則意見是非不斷，與人聯姻則雙方家庭反目成仇，嚴重的話，上法院解決亦有之。

若與水姓合夥或聯姻者：一生行運則只有付出再付出，辛苦勞碌沒有相對的回報，甚至為兒女、家庭辛苦做牛馬，挑起家中責任，一人肩負承擔之運，與人合夥則要注意被人詐騙，造成金錢上損失，與人聯姻要注意被感情傷害，家庭破碎亦有之。

若與木姓合夥或聯姻者：在學業與職場與人競爭時，總能脫穎而出。在文藝、技術、高科技，則能佔有一席之地。家庭和樂融洽，與人合夥則成大業，與人聯姻能子孫滿堂，子孝孫賢，甚至頤養天年，承歡膝下亦有之。

若與土姓合夥或聯姻者：則能享受被呵護，被疼愛的人倫家庭。長輩父母視為己出，但有溺愛的情況出現時，自己則要注意，否則一但遇上挫折時，就無法接受事實。與人合夥時顯示驕傲之氣，與人聯姻則容易不負責任，辜負別人亦有之。

若與金姓合夥或聯姻者：則是次吉之運。

孫姓與火姓如下：姓鄭。姓劉。姓韓。姓年。姓殷。姓羅。姓聶。姓屈。姓尹。

孫姓與水姓如下：姓褚。姓湯。姓岳。姓彭。姓溫。姓尉。

孫姓與木姓如下：姓李。姓宋。姓季。姓林。姓余。姓徐。姓柯。姓陳。姓朱。姓涂。姓程。姓秦。姓米。姓樂。姓梅。姓黏。姓杜。

孫姓與土姓如下：姓王。姓卓。姓黃。姓董。姓巫。姓萬。姓薛。姓葛。

孫姓與金姓如下：姓金。姓周。姓呂。姓田。姓吉。姓張。姓高。姓白。姓商。姓簡。姓趙。姓章。姓郭。姓阮。姓昌。

李姓

納音五行屬性為木。忌金姓、火姓。喜土姓、水姓。

若與金姓合夥或聯姻者：一生行運上容易惹上麻煩，身體則要注意疾病之變化，筋骨的傷害，骨肉分離之痛，賺錢如針挑土，賠錢則不在話下。與人合夥則會無疾而終，與人聯姻則容易產生糾紛，家庭不和諧，夫妻各自為政之景象亦有之。

若與火姓合夥或聯姻者：事業常有不順遂，工作常有變動遷移，意志力不堅，耳根子太軟，容易相信人而受到傷害，更有體弱多病的現象發生，容易時運不濟，為經濟壓力辛苦而工作。與人合夥則會出現無法協調意見不合，與人聯姻則肩負起家庭經濟重任者亦有之。

若與土姓合夥或聯姻者：一生行運則容易心想事成，事業與學業能順利去完成，美夢也能成真，尤其是適應能力更好，可以刻苦耐勞，與人合夥則能多學習專業知識，與人聯姻則因對象而顯貴，甚至高攀權貴之核心亦有之。

若與水姓合夥或聯姻者：一生行運則受貴人幫助，可以在患難中有人相挺，行運轉弱時，則能化凶為吉，認真修身養性，生意興隆之運，與人合夥時則不容易上當受騙，與人聯姻則能志同道合，互相扶持，持家有道亦有之。

若與木姓合夥或聯姻者：則是次吉之運。

李姓與金姓如下：姓曹。姓伊。姓韶。姓嚴。姓鄧。姓仇。姓戚。姓雍。姓詹。姓施。姓齊。姓康。姓傅。姓邱。姓顧。姓易。姓邵。姓龐。姓衛。姓錢。姓曾。姓廖。

李姓與火姓如下：姓鄭。姓劉。姓孟。姓段。姓韓。姓年。姓熊。姓羅。姓屈。姓尹。

李姓與土姓如下：姓薛。姓萬。姓董。姓苗。姓甘。姓卓。姓黃。姓王。

李姓與水姓如下：姓霍。姓雷。姓裴。姓翁。姓龍。姓羿。姓江。姓洪。姓游。姓胡。姓沈。姓汪。姓潘。

李姓與木姓如下：姓余。姓秦。姓陳。姓米。姓林。姓宋。姓黏。姓梅。姓徐。姓程。姓樂。姓柯。

周姓

納音五行屬性為金。忌火姓、水姓。喜木姓、土姓。

若與火姓合夥或聯姻者：一生行運辛勞不堪，甚至積勞成疾，或積憂成病，想要完成的心願則不容易完成，在工作所賺取的薪資永遠追著錢跑，與人合夥則受人利用被吃的死死的，與人聯姻則無法同心一致，是多說多錯，多做多錯，即使做對了也無法受人認同。

若與水姓合夥或聯姻者：一生行運則忙進忙出忙的不亦悅乎，且週而復始，不斷的重複上演，常有身心俱疲心力交瘁之感，失望至極之象發生，與人合夥則難成氣候，只是浪費時間精神損失，與人聯姻要承受冤大頭，家庭行運則受波折。

若與木姓合夥或聯姻者：一生行運能勢如破竹，扶搖直上，且有上進心、企圖心非常強烈，自信心十足，走到任何處所受人歡迎，人際關係良好。與人合夥則要注意異性桃花之糾紛，與人聯姻能幸福美滿，財運豐裕之行運。

若與土姓合夥或聯姻者：一生行運則能順勢推舟圓滿圓融，人際關係良好，受長輩朋友幫助，能繼承父母之事業，能發揮所學之長。與人合夥合作能相處愉快，與人聯姻時則如同亦師亦友之情誼，家庭生活美滿含頤弄孫亦有之。

若與金姓合夥或聯姻者：則是次吉之運。

周姓與火姓如下：姓鄭。姓武。姓劉。姓韓。姓段。姓熊。姓羅。姓屈。

周姓與水姓如下：姓湯。姓岳。姓彭。姓溫。

周姓與木姓如下：姓李。姓宋。姓林。姓余。姓徐。姓柯。姓朱。姓程。姓秦。姓米。姓樂。

周姓與土姓如下：姓王。姓卓。姓黃。姓董。姓苗。姓萬

周姓與金姓如下：姓金。姓呂。姓田。姓吉。姓張。姓高。姓白。姓簡。姓何。姓方。姓趙。姓孫。姓侯。姓童。姓譚。姓郭。姓申。姓阮。姓管。姓陶。姓曹。

侯姓

納音五行屬性為金。忌火姓、水姓。喜木姓、土姓。

若與火姓合夥或聯姻者：一生行運六親緣薄弱，有外出漂泊寄人籬下之運，財多所要承擔的是非也多，容易遭受嫉妒，身邊若是無財做依靠則讓人瞧不上眼，與人合夥是非不斷，嚴重者積蓄被騙光掏空，與人聯姻被欺侮，且子息宮較弱，嚴重的話家庭出忤逆子女，老來運勢孤獨亦有之。

若與水姓合夥或聯姻者：一生行運則則要注意忌水、怕火，出入公共場所要注意安全，溪邊、海邊戲水則要遵守安全規則。自己在感情方面要多盤算，以免太重感情遭受其害，與人合夥要有親兄弟明算帳，以免有金錢上損失，與人聯姻要睜大眼睛，以免感情傷害賠了夫人又折兵。

若與木姓合夥或聯姻者：一生行運則輕鬆面對，有人會服其勞，甘願為您作牛作馬，享受現成之福報。在金錢上則不憂慮，更不擔心經濟來源，與人合夥成就事業分紅，與人聯姻能託其人之福，茶來伸手，飯來張口之運勢亦有之。

若與土姓合夥或聯姻者：從事置產可以賺錢之行運，所謂有土斯有財對其他人可能不一定有效，但是此局之人確能獨享其利也，基礎夠穩定，事業能發達。與人合夥時眾人則服從之，與人聯姻能兩翼添翅、如魚得水、官祿皆有。

若與金姓合夥或聯姻者：則為次吉之運也。

侯姓與火姓如下：姓鄭。姓盛。姓劉。姓伍。姓韓。姓年。姓盧。姓羅。姓屈。姓尹。

侯姓與水姓如下：姓凌。姓湯。姓沈。姓岳。姓彭。姓尉。姓溫。

侯姓與木姓如下：姓李。姓季。姓林。姓余。姓徐。姓柯。姓陳。姓秦。姓杜。姓程。

侯姓與土姓如下：姓萬。姓黃。姓甘。姓董。姓巫。

侯姓與金姓如下：姓呂。姓田。姓張。姓馬。姓白。姓商。姓簡。姓童。姓鍾。姓馮。姓駱。姓闕。姓寇。

鄭　姓

納音五行屬性為火。忌土姓、水姓。喜木姓、金姓。

若與土姓合夥或聯姻者：在事業經濟方面則漸漸轉為弱運，且會莫明的金錢損失，找不到原因。人丁則會減弱，家道慢慢中落，生離死別的情形遭遇特別多。與人合夥則會無緣無故倒閉，與人聯姻則感情逐漸冷漠，相敬如冰，嚴重的話勞燕分飛亦有之。

若與水姓合夥或聯姻者：一生行運則會狀況百出，辛苦勞碌的事業沒有相對的回報反而每況愈下，嚴重時則會有入不敷出之窘境，甚至財務發生問題欠債度日。與人合夥則業績無法突破困境，與人聯姻無法被重視，容易被瞧不起，甚至掛冠求去，另覓愛巢亦有之。

若與木姓合夥或聯姻者：一生的運勢上能掌握經濟大權，事業則能順心順利，賺錢容易、子女孝順，但是要注意自身健康，以免發生中風、腦溢血之病。與人合夥則不會太久，與人聯姻能受到尊重，精神上的愉快勝過金錢，但人要注意老運孤寡，另一半先走亦有之。

若與金姓合夥或聯姻者：則形成有產權無現金的問題，財產都是不動產，為人簡單又省吃儉用，捨不得變賣家產，乃為空有福，而享受不到之運。與人合夥只圖小利即可，與人聯姻則家教甚嚴，子女只好選擇不與同住，乃性情孤僻之人亦有之。

若與火姓合夥或聯姻者：則是次吉之運也。

鄭姓與土姓如下：姓戴。姓蔡。姓莊。姓葉。姓范。姓蘇。姓蔣。姓花。姓蕭。姓蒲。姓鞏。姓藍。姓華。

鄭姓與水姓如下：姓尉。姓褚。姓彭。姓岳。姓湯。

鄭姓與木姓如下：姓柏。姓宋。姓林。姓陳。姓朱。姓米。姓秦。姓樂。姓黏。

鄭姓與金姓如下：姓申。姓昌。姓管。姓陶。姓任。姓陸。姓冉。姓呂。姓竇。姓向。姓白。姓簡。姓張。姓吉。姓周。姓高。

鄭姓與火姓如下：姓夏。姓姚。姓吳。姓許。姓狄。姓紀。姓姜。姓歐。姓毛。姓尤。

王姓

納音五行屬性為土。忌木姓、金姓。喜水姓、火姓。

若與木姓合夥或聯姻者：要留心資產管理小心被掏空，捲款逃跑之運，或土地被侵占產生糾紛，無端惹上官司，煩不勝煩。學習環境適應能力，調整心態以免有水土不合，身心受創也。與人合夥要對自身錢財嚴謹把持，才不至於財去人消瘦，與人聯姻則要注意桃色感情糾紛亦有之。

若與金姓合夥或聯姻者：一生行運則要注意土地、房屋買賣糾紛，所持有之印鑑不可大意交付不熟悉之人，以免大意失荊州，失財事小還無端惹上官司糾紛。與人合夥時則要注意帳務往來，一筆一筆交代清楚，與人聯姻要好好規劃身後之事，以免身故時，子女為了財產走上法院對簿公堂亦有之。

若與水姓合夥或聯姻者：一生的運勢上能一帆風順，可以靠置產土地買賣賺取錢財，更是生意職場上的高手，或做業務推展銷售，均可以獲得不錯業績、報酬。與人合夥一樣獲利，與人聯姻更能獲得最佳助手協助，甚至開分店賺錢亦有之。

若與火姓合夥或聯姻者：行運上能秉持一步一腳印，則能平步青雲，官運亨通，由窮變富之行運。生意事業則有靠山，與權貴之人交往，能得到信任。與人合夥能圓滿，與人聯姻能擁有一片江山，雙方互惠、雙方得利，兒孫滿堂亦有之。

若與土姓合夥或聯姻者：則是次吉之運也。

王姓與木姓如下：姓李。姓賴。姓楊。姓柳。姓黎。姓梁。姓穆。

王姓與金姓如下：姓曹。姓后。姓邵。姓尹。姓伊。姓唐。姓廖。姓謝。姓嚴。姓鄧。姓戚。姓費。姓詹。姓施。姓齊。姓康。姓邱。姓顧。姓賀。姓龐。姓曾。姓錢。姓衛。

王姓與水姓如下：姓潘。姓汪。姓洪。姓江。姓胡。姓游。姓沈。

王姓與火姓如下：姓尤。姓毛。姓元。姓許。姓吳。姓歐。姓紀。姓魏。姓甄。姓夏。姓姚。

王姓與土姓如下：姓葛。姓卓。姓黃。姓董。姓苗。姓巫。姓萬。姓薛。

馮　姓

納音五行屬性為火。忌水姓、土姓。喜金姓、木姓。

若與水姓合夥或聯姻者：一生行運上則要嚐盡現實社會的冷暖，凡是被看好的事業，他人經營如神助一般，自己經營卻是相反不如意、不順心，而且身邊缺乏輔佐人才。與人合夥則讓小人得利所害，與人聯姻則常無端生是非、受誹謗流言，最後家庭分裂亦有之。

若與土姓合夥或聯姻者：行運勞碌馬不停歇，雖勤勞奮鬥，卻不一定受人肯定，乃至無法成功，辛苦打拼的江山，卻無力自己經營，最終拱手讓人。與人合夥則引來誹議，與人聯姻則要承受背後閒言閒語，壓力增加，有了家庭內心卻是不愉悅亦有之。

若與金姓合夥或聯姻者：一生的運勢上能有事半功倍之效，無論做任何事情皆看得出用心、認真、努力向上，由於肯付出，以助人為快樂之本，熱心從事公益，故很得人緣，與人合夥則能受益良多，與人聯姻則能得知心，甚至紅顏知己亦有之。

若與木姓合夥或聯姻者：行運常能反敗為勝，無論做任何事，背後都會有人默默支持，不會有綁手綁腳被扯後腿之情事，經營事業能得許多才幹之人相助。與人合夥能相互照顧，與人聯姻能得好姻緣，羨煞旁人，乃為多子多福之格，甚至三代同堂亦有之。

若與火姓合夥或聯姻者：則是次吉之運也。

馮姓與土姓如下：姓蔡。姓葉。姓范。姓蘇。姓花。姓蕭。姓蒲。姓藍。姓華。

馮姓與水姓如下：姓胡。姓沈。姓彭。姓岳。姓湯。姓洪。姓江。姓溫。

馮姓與木姓如下：姓柯。姓余。姓梅。姓陳。姓朱。姓程。姓秦。姓樂。姓徐。

馮姓與金姓如下：姓申。姓昌。姓呂。姓孫。姓任。姓陸。姓金。姓丁。姓萬。姓趙。姓方。姓白。姓高。姓張。姓郭。姓周。姓古。姓阮。

馮姓與火姓如下：姓姬。姓元。姓紀。姓姜。姓歐。姓毛。姓包。

衛姓

納音五行屬性為金。忌火姓、水姓。喜木姓、土姓。

若與火姓合夥或聯姻者：一生行運則會容易受官鬼纏身，做事則是處處犯小人，遇強則弱之行運，為了要保護自己的利益，會不惜代價，與黑白兩道結交。與人合夥則屬偏門居多數，與人聯姻則以利益為前提雙方各取所需，相互利用亦有之。

若與水姓合夥或聯姻者：一生行運常遇上敷衍了事之人，事業經營辛苦勞碌不說，嚴重時虧損連連，甚至還連累至親好友。身宮也因此狀況百出，嚴重甚至腫瘤、癌症病發。與人合夥被倒債務拖累，與人聯姻則招人惡意中傷，乃至誤會而分道揚鑣亦有之。

若與木姓合夥或聯姻者：其人事業方向若是朝高科技深研，加強技術研發，定能佔一席之地，或出國深造也可以報效國家，受國家或大型科技公司重用。與人合夥則能得名又得利，與人聯姻則有一番不同作風，流行於社會，甚至於領導者高科技人才亦有之。

若與土姓合夥或聯姻者：若是志向朝公務體系發展，軍人、警察、法官或為大學教授，皆能在職位上展露稱職，投資生意如基金、有價票券都有機會得利。與人合夥可以合作無間，與人聯姻可以錦上添花，甚至光耀鄉里。

若與金姓合夥或聯姻者：則是其運勢為次吉也。

衛姓與火姓如下：姓鄭。姓盛。姓武。姓劉。姓伍。姓韓。姓孟。姓毛。姓年。姓盧。姓熊。姓羅。姓聶。姓屈。姓尹。姓殷。

衛姓與水姓如下：姓湯。姓褚。姓岳。姓彭。姓溫。

衛姓與木姓如下：姓李。姓宋。姓季。姓林。姓余。姓徐。姓柯。姓朱。姓柏。姓陳。姓程。姓秦。姓米。姓梅。姓黏。

衛姓與土姓如下：姓王。姓卓。姓黃。姓甘。姓董。姓苗。姓巫。姓萬。姓薛。姓葛。

衛姓與金姓如下：姓孔。姓周。姓呂。姓田。姓吉。姓張。姓高。姓管。姓堇。姓商。姓簡。姓陸。姓方。姓趙。姓常。姓古。姓馬。姓童。姓郭。姓貢。

呂　姓

納音五行屬性為金。忌火姓、水姓。喜木姓、土姓。

若與火姓合夥或聯姻者：凡是開口說話宜先三思而言，以免辭不達意招來口舌之爭，而造成傷害情誼等，自身健康要注意筋骨傷痛，尤以脊椎、意外傷害、運動傷害造成無法彌補之憾事。與人合夥則要修口德，少犯口業，與人聯姻則要處處低調，勿逞口舌之快，把好緣份斷送在自己手裡。

若與水姓合夥或聯姻者：行運上雖有亨通之時，但其光景不長久，自身健康亮起紅燈，嚴重時影響自己的事業版圖，若注重養生之道，唯有健康體魄，才有亮眼的事業。與人合夥才能有更好的發展，與人聯姻才能藉對方的人際關係，一炮而紅，切記！忌伶牙俐齒得不到便宜，免得到手的鴨子飛了，得不償失。

若與木姓合夥或聯姻者：其人事業方向以醫師、法官、律師、講師，或靠嘴巴說話之相關行業著手，能夠賺取應得之報酬。與人合夥讓人喜悅合作無間，與人聯姻則能創造出美好之江山，甚至把事業傳承下一代經營亦有之。

若與土姓合夥或聯姻者：其事業之基礎慢慢堆積，其穩定之心性、堅定意志力，吃苦當作吃補之耐性，發揮出來進而影響週遭，激勵鼓舞他人鬥志，讓人充滿信心希望。與人合夥可以相安無事，與人聯姻可以白首偕老，富貴綿延亦有之。

若與金姓合夥或聯姻者：則是其運勢為次吉也。

呂姓與火姓如下：姓鄭。姓盛。姓韋。姓武。姓劉。姓伍。姓韓。姓孟。姓年。姓盧。姓熊。姓羅。姓聶。姓屈。姓尹。

呂姓與水姓如下：姓尉。姓湯。姓褚。姓溫。姓岳。姓彭。

呂姓與木姓如下：姓李。姓宋。姓朱。姓林。姓余。姓徐。姓柯。姓梅。姓程。姓秦。

呂姓與土姓如下：姓王。姓卓。姓黃。姓萬。姓董。姓苗。姓巫。姓薛。

呂姓與金姓如下：姓金。姓周。姓任。姓田。姓申。姓張。姓高。姓趙。姓孫。姓白。姓郭。姓簡。姓何。姓方。姓童。姓鍾。姓管。

田姓

納音五行屬性為土。忌木姓、金姓。喜水姓、火姓。

若與木姓合夥或聯姻者：此特性若能勤勞做事，由基層做，好好做起，還有一線生機的賺錢機會，若是只想走捷徑，甚至利用別人資源及人際關係者，往往只是徒勞一場空。與人合夥別指向利用別人，搞不好還是人家的棋子，與人聯姻不可妄想攀緣，否則下場難堪。

若與金姓合夥或聯姻者：做人做事則處處看人臉色辦事，甚至阿諛奉承過日，想要利用人，結果反遭將一軍，而且一旦自己沒了利用價值，則會過河拆橋，棄之不用。與人合夥時則要注意錢財以免血本無歸，與人聯姻無法掌握經濟大權，甚至有被人瞧不起。

若與水姓合夥或聯姻者：基礎紮根小心經營，必能得到別人之信任，更可以借助他人之資源，結交更好的人際關係，無形中建立起自己一片江山，事業順心獲利。與人合夥得到信任支持，與人聯姻皆大歡喜，各取所需致富亦有之。

若與火姓合夥或聯姻者：在自己經營的事業版圖，或工作單位也好，均受人信任重用，當需要幫助時，則貴人會適時出現提攜，若是經營得宜則可以置產出租或賣出，皆會有相當不錯的利潤。與人合夥如虎添翼，與人聯姻則是喜上加喜，諸事順利亦有之。

若與土姓合夥或聯姻者：則是次吉之運也。

田姓與木姓如下：姓李。姓賴。姓楊。姓柳。姓黎。姓梁。姓穆。

田姓與金姓如下：姓曹。姓后。姓邵。姓尹。姓伊。姓唐。姓廖。姓謝。姓嚴。姓鄧。姓戚。姓費。姓詹。

田姓與水姓如下：姓潘。姓汪。姓洪。姓江。姓胡。姓游。姓沈。姓翁。姓雷。姓凌。姓彭。姓岳。姓湯。

田姓與火姓如下：姓尤。姓毛。姓元。姓許。姓吳。姓歐。姓紀。姓魏。姓甄。姓夏。姓姚。姓狄。

田姓與土姓如下：姓葛。姓卓。姓黃。姓董。姓苗。姓巫。姓萬。姓薛。姓黃。姓甘。姓蕭。姓范。

盛姓

納音五行屬性為火。忌水姓、土姓。喜金姓、木姓。

若與水姓合夥或聯姻者：其人心思一心一意想要壯大自己，想要做大事立大業，由於野心太大，貪念心起蒙蔽其心，原本被看好的事業，卻經不起波瀾毀於一旦，甚至怨天尤人。與人合夥又遭遇背叛，與人聯姻又得不到信任，最後親緣疏離。

若與土姓合夥或聯姻者：所謂知足常樂，其人背道而行，在事業投資則愈陷愈深，終至血本無歸，又四處舉債，最後債務纏身，親朋好友則唯恐避之不及。與人合夥太過信任一而再受騙，深陷泥沼遭牽連，與人聯姻連累親人一起受害。

若與金姓合夥或聯姻者：吃得苦中苦，歷經重重考驗之後，受到重用信任，慢慢調整將事業深根，再擴充業務，秉持一步一腳印，將事業成功拓展，只因為誠信二字，與人合夥能充分發揮專業知識，完全被授權。

若與木姓合夥或聯姻者：有機會學習許多專業知識技能，在知識領域上，超越其他同業，而能一枝獨秀，事業發展茂盛，成為人人羨慕的公司，並引以為榮，與人合夥能輕鬆面對，與人聯姻事業更向上一層，成為上櫃上市公司亦有之。

若與火姓合夥或聯姻者：則是次吉之運也。

盛姓與土姓如下：姓戴。姓蔡。姓莊。姓葉。姓范。姓蘇。姓蔣。姓花。姓蕭。姓蒲。姓鞏。姓藍。姓華。姓苗。

盛姓與水姓如下：姓褚。姓彭。姓湯。姓洪。姓江。

盛姓與木姓如下：姓柏。姓宋。姓林。姓陳。姓朱。姓米。姓秦。姓樂。姓黏。姓徐。

盛姓與金姓如下：姓申。姓昌。姓管。姓陶。姓任。姓陸。姓冉。姓竇。姓向。姓白。姓簡。姓張。姓吉。姓周。

盛姓與火姓如下：姓夏。姓姚。姓吳。姓許。姓狄。姓紀。姓姜。姓歐。姓毛。姓尤。

金姓

納音五行屬性為金。忌火姓、水姓。喜木姓、土姓。

若與火姓合夥或聯姻者：則會慢慢發現自己脾氣被磨練，好的變暴躁，壞的則變好，企圖心會逐漸削弱，自信心受打擊而喪失，傲氣會被磨滅，最後不得放棄主觀意識，鬱鬱寡歡成疾，時不我予之運也。與人合夥則疑心生暗鬼，與人聯姻因自卑心作祟亦有之。

若與水姓合夥或聯姻者：不經一事不長一智慢慢發現，自己在面對的一切，都不是真情流露，真心交往之人，只是配合喜歡聽好聽的話語，喜歡奉承，一旦權力漸漸喪失時，才看清楚眼前之真面目。與人合夥付諸流水，與人聯姻則付出慘痛代價買教訓。

若與木姓合夥或聯姻者：則會慢慢的發現，常在眼前提議，或勸解自己缺點之人，才是真誠信賴之人。更可以及時發現，降低損失與金錢上虧損，與人合夥能由虧轉盈，與人聯姻能有財務紓困之管道，乃至東山再起之運也。

若與土姓合夥或聯姻者：當事業有一定之基礎慢慢發現，財富並不是唯一的富有，發現精神、心靈層次及親情的可貴，才是人生最大的財富，與人合夥不會在意所賺多少錢財，與人聯姻會處處替人著想，幫助親人成功為其心願。

若與金姓合夥或聯姻者：則是其運勢為次吉也。

金姓與火姓如下：姓鄭。姓盛。姓武。姓伍。姓韓。姓年。姓盧。姓熊。姓羅。姓聶。姓屈。

金姓與水姓如下：姓淩。姓祝。姓湯。姓汪。姓江。姓洪。姓雷。姓彭。姓溫。姓沈。

金姓與木姓如下：姓李。姓宋。姓季。姓林。姓余。姓徐。姓柯。

金姓與土姓如下：姓王。姓卓。姓黃。姓甘。姓董。姓苗。姓巫。姓萬。姓薛。姓葛。

金姓與金姓如下：姓金。姓周。姓呂。姓田。姓吉。姓張。姓高。姓白。姓商。姓簡。姓何。姓方。

張　姓

納音五行屬性為金。忌火姓、水姓。喜木姓、土姓。

若與火姓合夥或聯姻者：一生行運則必須處處委屈求全，緊張過日，手腳被牽制，無法發揮所長，更因為如此，容易得憂鬱症，以及產生出想不開之念頭，若有貴人相助如有及時雨一般，與人合夥更是惹來一堆麻煩事，推又推不開，與人聯姻無法善了亦有之。

若與水姓合夥或聯姻者：做事應按部就班，不能急就章，做人要得過且過面對一切，凡事不必多計較，如此能相安無事，反之；則會鬧得鷄犬不寧，嚴重的話，更容易得躁鬱症，甚至自我了斷！與人合夥無法好好溝通，與人聯姻則要看人臉色。

若與木姓合夥或聯姻者：若是做生意之人，一定生意興隆，門庭若市，若是求學者，學業精進，若是求職者則工作順心，能發揮所長，不必為了生活，到處張羅過日。與人合夥則是多一份收入，與人聯姻能有安定生活，豐登富餘。

若與土姓合夥或聯姻者：一生行運上比別人幸運些，衣食無缺，生活富裕過日，只是要多多運動，太過安逸的日子，身體反而更弱，若是小有積蓄則可以靠利息生活，或房屋出租，與人合夥則能增加收入不無小補，與人聯姻可以享福至老也。

若與金姓合夥或聯姻者：則是其運勢為次吉也。

張姓與火姓如下：姓鄭。姓盛。姓武。姓伍。姓韓。姓年。姓盧。姓熊。姓羅。姓聶。姓屈。

張姓與水姓如下：姓凌。姓祝。姓湯。姓汪。姓江。姓洪。姓雷。姓彭。姓溫。姓沈。

張姓與木姓如下：姓李。姓宋。姓季。姓林。姓余。姓徐。姓柯。

張姓與土姓如下：姓王。姓卓。姓黃。姓甘。姓董。姓苗。姓巫。姓萬。姓薛。姓葛。

張姓與金姓如下：姓金。姓周。姓呂。姓田。姓吉。姓張。姓高。姓白。姓商。姓簡。姓何。姓方。

高姓

納音五行屬性為金。忌火姓、水姓。喜木姓、土姓。

若與火姓合夥或聯姻者：一則依賴不可以過度，二則生活要嚴謹，不可懶散度日，否則一旦運勢轉弱時，什麼麻煩事都會發生，如不留心注意，或馬上處理的話，讓人無法招架，引來無妄之災，與人合夥要實際參與了解才能做，與人聯姻不可當兒戲一般，以免離異也。

若與水姓合夥或聯姻者：要注意爬得越高，則跌的越慘之道理，不任意嬌寵，不要意志薄弱，自認為風流，路邊野花當桃花，以免惹禍上身，否則就是金山銀山也不夠用，讓自己運勢原地滯留，屆時呼天叫地也枉然，與人合夥一不留心連本帶利被人侵吞，與人聯姻則被棄之遠離也。

若與木姓合夥或聯姻者：一生運勢較為平順，不會有起伏落差太大，也不會賺多賠多，起碼生活所需足以支付，身心自在過的比較踏實，更不愁現實社會的演變如何，與人合夥能相安無事，與人聯姻能尊嚴過日，被管都心甘情願。

若與土姓合夥或聯姻者：一生行運能居高臨下，認真工作，待人誠懇，則還有一統江山的領導機會，受人敬重愛戴，事業家庭均得圓滿，客朋滿座，熱鬧非凡的生活，與人合夥雖然忙碌，但卻是充實不亦悅乎！與人聯姻則生活自在不亦快哉。

若與金姓合夥或聯姻者：則是其運勢為次吉也。

高姓與火姓如下：姓鄭。姓盛。姓武。姓伍。姓韓。姓年。姓盧。姓熊。姓羅。姓聶。姓屈。

高姓與水姓如下：姓凌。姓祝。姓湯。姓汪。姓江。姓洪。姓雷。姓彭。姓溫。姓沈。

高姓與木姓如下：姓李。姓宋。姓季。姓林。姓余。姓徐。姓柯。

高姓與土姓如下：姓王。姓卓。姓黃。姓甘。姓董。姓苗。姓巫。

高姓與金姓如下：姓金。姓周。姓呂。姓田。姓吉。姓張。姓高。姓白。姓商。姓簡。姓何。姓方。

霍 姓

納音五行屬性為水。忌土姓、木姓。喜火姓、金姓。

若與土姓合夥或聯姻者：則會容易遭遇天災橫禍之事，輕者則傷身失財，嚴重者可能蒙閻王召見之行運，事業與財運則會因遇上災變，而停頓或失去。故提醒霍姓之人者，事業以火性質，或者金性質的行業去做，或許可以保身安家矣！合夥與聯姻要慎選對象，以免日後反悔怨聲載道。

若與木姓合夥或聯姻者：一生運勢起步較慢，歸類為大器晚成一族，凡事不可心急，一心急想闖出名號，最後只會吃力不討好，只能眼睜睜看者江山落入別人之手也，若是能戒急用忍，循規蹈矩，與人合夥則多少有點油水可圖，與人聯姻則才不用忍氣吞聲也。

若與火姓合夥或聯姻者：一生想要完成的美夢，都會有機會慢慢實現，只是差別在於，心急則成不了氣候，俗語說的好，吃緊弄破碗之道理要銘記於心，只要做得到，前途無量一片光明，與人合夥光明正大則去做，與人聯姻者能倍加愉快亦有之。

若與金姓合夥或聯姻者：一生行運則是為先苦後甘之格局，吃得苦中苦，方為人上人，是此格局之人最貼切之劇本，只要依劇本去演，無論事業，財運就可以唾手可得也，與人合夥則要吃足苦頭，與人聯姻則要多繞幾圈。

若與水姓合夥或聯姻者：則是其運勢為次吉也。

霍姓與土姓如下：姓葛。姓卓。姓黃。姓董。姓苗。姓巫。姓萬。

霍姓與木姓如下：姓李。姓賴。姓楊。姓柳。姓黎。姓梁。姓穆。

霍姓與火姓如下：姓尤。姓毛。姓元。姓許。姓吳。姓歐。姓紀。姓魏。姓甄。姓夏。姓姚。姓狄。

霍姓與金姓如下：姓曹。姓后。姓邵。姓尹。姓伊。姓唐。姓廖。姓謝。姓嚴。姓鄧。姓戚。姓費。姓詹。

霍姓與水姓如下：姓潘。姓汪。姓洪。姓江。姓胡。姓游。姓沈。姓翁。姓雷。姓凌。姓彭。姓岳。姓湯。

崔姓

納音五行屬性為土。忌木姓、金姓。喜水姓、火姓。

若與木姓合夥或聯姻者：會出現主觀意識，固執己見，鐵齒的性情，與人相處則表演慾望強，愛現出風頭，故常常招來是非，或嫉妒之情事發生，也因此無端開罪小人而不知，表面雖然無風無浪，暗地中卻是暗潮洶湧，故常遭誤會，與人合夥則不會長久，與人聯姻只會是曇花一現短暫亦有之。

若與金姓合夥或聯姻者：表現出太重感情，太過熱情，就如家住海邊管的也太寬了，雖然與人相處被肯定，但是鷄婆性子，常讓人吃不消，甚至讓人反感，故外緣佳，忌內親也。與人合夥則無法得利，即使有賺也是過路財，與人聯姻則常遭怨嘆之事亦有之。

若與水姓合夥或聯姻者：做事講求緣份順其自然，凡事不可勉強，以免吃頓排頭招來麻煩，吃力不討好，更不要為子女過度操心，兒孫自有兒孫福，莫為兒女做牛馬。與人合夥雖多辛勞，卻能得小利，與人聯姻雖然操勞，但總有出現好的結果。

若與火姓合夥或聯姻者：則會出現喜歡冒險，上進，征服別人的性情，難度越高，就越想去挑戰去征服它。久而久之，練就一身刻苦耐勞的戰鬥意志，永遠不服輸的精神，但太戰戰兢兢過日，反而會與親人漸行疏離。與人合夥總是放不下心，與人聯姻則是更怕吃虧。

若與土姓合夥或聯姻者：則是次吉之運也。

崔姓與木姓如下：姓李。姓賴。姓楊。姓柳。姓黎。姓梁。姓穆。

崔姓與金姓如下：姓曹。姓后。姓邵。姓尹。姓伊。姓唐。姓廖。姓謝。姓嚴。姓鄧。姓戚。姓費。姓詹。

崔姓與水姓如下：姓潘。姓汪。姓洪。姓江。姓胡。姓游。姓沈。姓翁。姓雷。姓淩。姓彭。姓岳。姓湯。

崔姓與火姓如下：姓尤。姓毛。姓元。姓許。姓吳。姓歐。姓紀。姓魏。姓甄。姓夏。姓姚。姓狄。

崔姓與土姓如下：姓葛。姓卓。姓黃。姓董。姓苗。姓巫。姓萬。

龍 姓

納音五行屬性為水。忌土姓、木姓。喜火姓、金姓。

若與土姓合夥或聯姻者：行運如龍困淺灘遭蝦戲，無法發揮專業知識，更有志難伸之窘境出現，且久久不得運，性情心志也受到影響大打折扣，更有時懷憂變得情緒暴燥。與人合夥則會不歡而散，與人聯姻無法長久亦有之。

若與木姓合夥或聯姻者：一生運勢起起伏伏多變化，如洗三溫暖一般，忽冷又忽熱，時好又時壞，窮時則很窮，富時又未能掌握，個性隨之也多變，容易緊張過度，與人合夥不容易放下心防信任對方，與人聯姻因認識結合，因了解對方而分手。

若與火姓合夥或聯姻者：人若運勢來了牆也擋不住，則有機會一鳴驚人，有企圖心，用不完的精力，一旦喜歡做的事，就一定放手一搏想盡法子完成，與人合夥增加對方信心，與人聯姻則更有機會發揮所長，可以創造不朽之事業亦有之。

若與金姓合夥或聯姻者：一生行運則如同金龍再現，可以顯現出其人之專業才幹，愈挫愈勇減少失敗機會，因心性才幹波折因大轉小，貴人相助，吉人天相，是許多人心目中的真命天子，與人合夥則居領導之位，與人聯姻則讓行運愈發興盛亦有之。

若與水姓合夥或聯姻者：則是其運勢為次吉也。

龍姓與土姓如下：姓葛。姓卓。姓黃。姓董。姓苗。姓巫。姓萬。

龍姓與木姓如下：姓李。姓賴。姓楊。姓柳。姓黎。姓梁。姓穆。姓徐。姓陳。姓林。姓朱。

龍姓與火姓如下：姓尤。姓毛。姓元。姓許。姓吳。姓歐。姓紀。姓魏。姓甄。姓夏。姓姚。姓狄。

龍姓與金姓如下：姓曹。姓后。姓邵。姓尹。姓伊。姓唐。姓廖。姓謝。姓嚴。姓鄧。姓戚。姓費。姓詹。

龍姓與水姓如下：姓潘。姓汪。姓洪。姓江。姓胡。姓游。姓沈。姓翁。姓雷。姓凌。姓彭。姓岳。姓湯。

鐘姓

納音五行屬性為金。忌火姓、水姓。喜木姓、土姓。

若與火姓合夥或聯姻者：自小時候的行運開始，就要接受許多比較現實且殘酷的磨練，挫折機會比別人多，且常遭意外血光之傷，或體弱多病，或出生在貧寒家庭，或單親家庭或複雜的家庭環境中成長，與人合夥難成事，與人聯姻則吵鬧亦有之。

若與水姓合夥或聯姻者：則要注意童年時期的行運，一則交友，二則意外，三則身體，因為叛逆的個性，故交友要慎選。因童年行運較差，容易發生意外也。因身體體質較弱，故要照顧好。與人合夥則要注意被背叛，與人聯姻則要互相容忍脾氣亦有之。

若與木姓合夥或聯姻者：童年行運雖多波折，但可以歷經考驗，漸入佳境也。事業也可以由低開高，財運也一樣，可以慢慢累積而致富，工作運也一樣，升遷容易，與人合夥也一樣，把業績變好，與人聯姻也會因孩子的出生，讓感情愈來愈好亦有之。

若與金姓合夥或聯姻者：則為次吉之運也。

鐘姓與火姓如下：姓鄭。姓盛。姓武。姓伍。姓韓。姓年。姓盧。姓熊。姓羅。姓聶。姓屈。

鐘姓與水姓如下：姓凌。姓祝。姓湯。姓汪。姓江。姓洪。姓雷。姓彭。姓溫。姓沈。

鐘姓與木姓如下：姓李。姓宋。姓季。姓林。姓余。姓徐。姓柯。姓朱。姓梅。

鐘姓與土姓如下：姓王。姓卓。姓黃。姓甘。姓董。姓苗。姓巫。姓萬。姓薛。姓葛。

鐘姓與金姓如下：姓金。姓周。姓呂。姓田。姓吉。姓張。姓高。姓白。姓商。姓簡。姓何。姓方。

宋姓

納音五行屬性為木。忌金姓、火姓。喜土姓、水姓。

若與金姓合夥或聯姻者：做事則容易被人刁難，表達出來的意見不容易被接受，行事則常招非議，賺錢則很難守得住，身體也要注意肝臟，筋骨的疾病。讀書、求學，也容易半途而廢。與人合夥也要注意財務問題，與人聯姻波折很多亦有之。

若與火姓合夥或聯姻者：則要注意繼承問題，以及祖先餘留的債務問題，或在事業上投資過多的人力，與財務出現周轉不良的問題，與人合夥更要注意票據的糾紛，以免被倒帳收不到錢。與人聯姻更要注意，意見常鬧不合，離之亦有之。

若與土姓合夥或聯姻者：一生行運難免遭遇挫折，但都能化解，雖有陷入困境的時運，也都能靠智慧去化解，財務上所遭遇的問題，也可以化險為夷、逢凶化吉，與人合夥也調適的很好，讓雙方都合作愉作，與人聯姻雖不完全滿意，但可以互相容忍亦有之。

若與水姓合夥或聯姻者：有水則旺，這是木姓之人最需要的，有水則發，對木姓者來說，更是不可缺的重要事，可以讓事業經營的很順利，無論做任何事，都會有貴人幫助，尤其是文才、技藝方面，與人合夥則能合作無間，與人聯姻則能諸事圓滿亦有之。

若與木姓合夥或聯姻者：其運勢為次吉也。

宋姓與金姓如下：姓曹。姓伊。姓韶。姓嚴。姓鄧。姓仇。姓戚。姓雍。姓詹。姓施。姓齊。
姓康。姓傅。姓邱。

宋姓與火姓如下：姓鄭。姓孟。姓段。姓韓。姓年。姓熊。姓羅。姓屈。姓聶。姓盧。

宋姓與土姓如下：姓薛。姓萬。姓董。姓苗。姓甘。姓卓。姓黃。

宋姓與水姓如下：姓霍。姓雷。姓裴。姓翁。姓龍。姓羿。姓江。姓洪。姓游。姓胡。姓沈。
姓汪。姓潘。

宋姓與木姓如下：姓余。姓秦。姓陳。姓米。姓林。姓宋。姓黏。姓梅。姓徐。姓程。姓樂。
姓柯。

翁姓

納音五行屬性為水。忌土姓、木姓。喜火姓、金姓。

若與土姓合夥或聯姻者：一生行運則會遭長輩或父母事業、債務所連累，一身要挑起兩代或更重的負擔，只有付出，沒有回收的代價或白髮人送黑髮人的情況發生，與人合夥則只能付出勞力，得不到金錢，與人聯姻則要嚐盡生離死別的痛苦亦有之。

若與木姓合夥或聯姻者：一生行運則要刻苦耐勞度日，要歷經幾番寒徹骨之磨練與考驗，但不一定都可以成功或有大成就，若為公務員者，則清廉一生，若做生意者，則只能賺小利，若與人合夥者，則會陷入窘境，乃至變賣家產。與人聯姻則老運孤寡亦有之。

若與火姓合夥或聯姻者：則有出人頭地，苦盡甘來的行運，雖有小挫折，但都可以自行克服，不必假借他人之手，更可以靠自己的意志力去做事業，或求學、或做生意，均可得到應得的利潤。與人合夥則能得心應手，與人聯姻則像如魚得水，生活美滿亦有之。

若與金姓合夥或聯姻者：則出現大家庭、大企業之家或三代同堂，含飴弄孫的家庭生活，或為家族之中，是人人尊敬的長者，也是長壽又健康之人矣！與人合夥，事業愈做愈好，能賺更多的錢，與人聯姻則結好緣，白首偕老亦有之。

若與水姓合夥或聯姻者：其運勢為次吉也。

翁姓與土姓如下：姓葛。姓卓。姓黃。姓董。姓苗。姓巫。姓萬。

翁姓與木姓如下：姓李。姓賴。姓楊。姓柳。姓黎。姓梁。姓穆。姓徐。姓陳。姓林。姓朱。

翁姓與火姓如下：姓尤。姓毛。姓元。姓許。姓吳。姓歐。姓紀。姓魏。姓甄。姓夏。姓姚。姓狄。

翁姓與金姓如下：姓曹。姓后。姓邵。姓尹。姓伊。姓唐。姓廖。姓謝。姓嚴。姓鄧。姓戚。姓費。姓詹。

翁姓與水姓如下：姓潘。姓汪。姓洪。姓江。姓胡。姓游。姓沈。姓翁。姓雷。姓凌。姓彭。姓湯。

龔姓

納音五行屬性為水。忌土姓、木姓。喜火姓、金姓。

若與土姓合夥或聯姻者：其行運則會被整的很慘，有才華則會被冰凍，怕超越自己，嫉妒心很強，這些衰事，這些奇怪的人、事、物，都莫名其妙就遇上，把自己搞的灰頭土臉，也不會被肯定。與人合夥則會遇蕭條經濟，與人聯姻則會冷戰過日亦有之

若與木姓合夥或聯姻者：要特別注意其行運，在行運當中時則會遇到幫助他人，反而被他人誤解；與同事相處則會出現八卦新聞；做事業則會虧損連連，還被最信賴之人連累，替人背債之狀況發生。另與人合夥也會被連累，而惹上官訟，與人聯姻則要注意婚變亦有之。

若與火姓合夥或聯姻者：一生行運則常會遇上，一事有二主，不知加入那邊而煩惱，感情也會遇上三角關係，不知選誰而悲傷，若能歷經這些關卡，把自己磨練更成熟，未來之路則能順暢矣！與人合夥才能把情與友分清楚，與人聯姻則不用做三角習題亦有之。

若與金姓合夥或聯姻者：其行運，則到處充滿溫馨、有感情，另有真情相挺的對待，可過著多彩多姿、充滿希望的日子。在人際關係則比一般人還要好，異性之緣也都開著好的桃花；與人合夥則過著相得益彰的日子，與人聯姻則過著幸福美滿亦有之。

若與水姓合夥或聯姻者：其運勢為次吉也。

龔姓與土姓如下：姓葛。姓卓。姓黃。姓董。姓苗。姓巫。姓萬。姓蔡。姓田。姓藍。姓華。

龔姓與木姓如下：姓李。姓賴。姓楊。姓柳。姓黎。姓梁。姓穆。姓徐。姓陳。姓林。姓朱。

龔姓與火姓如下：姓尤。姓毛。姓元。姓許。姓吳。姓歐。姓紀。姓魏。姓甄。姓夏。姓姚。姓狄。

龔姓與金姓如下：姓曹。姓后。姓邵。姓尹。姓伊。姓唐。姓廖。姓謝。姓嚴。姓鄧。姓戚。

姓費。姓詹。

龔姓與水姓如下：姓潘。姓汪。姓洪。姓江。姓胡。姓游。姓沈。姓翁。姓雷。姓凌。姓彭。姓湯。

廖姓

納音五行屬性為水。忌土姓、木姓。喜火姓、金姓。

若與土姓合夥或聯姻者：一生行運則會每況愈下，讓自己的精力損耗，讓自己的財產減少，讓自己的身體走下坡，讓自己的事業做不起來，讓身邊的親朋好友越離越遠，讓心靈越來越空虛。與人合夥則常有糾紛，與人聯姻則要處處提防對方亦有之。

若與木姓合夥或聯姻者：一生行運最嚴重的則是身體疾病問題，其次則是事業與財務問題，容易有糾紛發生，身體則要預防腫瘤、癌症的病因，免得錢賺到了，身體卻搞壞，有福亦享不得，與人合夥也要控制資金的流動去向，與人聯姻則要提防三角糾紛亦有之。

若與金姓合夥或聯姻者：則會出現較熱鬧的人生歷練，或出生在大家庭，無論親朋好友，都有一大群，好不熱鬧，有什麼事發生，都會義務相挺，食客三千，故開銷則會比較大，常要為錢煩惱，與人合夥則都是自己人，人多嘴雜，與人聯姻則人口眾多亦有之

若與火姓合夥或聯姻者：一生行運則以步步為營、求新求變來吸引他人之眼光，才能帶動流行

趨勢，也因此，才能賺到大把的鈔票。反其道而行，有點叛逆，有創意，有衝勁，正是此格局之人能夠成功的道理矣！與人合夥則要志同道合，與人聯姻更要同理心，長長久久亦有之。

若與水姓合夥或聯姻者：則是其運勢為次吉也。

廖姓與土姓如下：姓葛。姓卓。姓黃。姓董。姓苗。姓巫。姓萬。

廖姓與木姓如下：姓李。姓賴。姓楊。姓柳。姓黎。姓梁。姓穆。姓徐。姓陳。姓林。姓朱。

廖姓與火姓如下：姓尤。姓毛。姓元。姓許。姓吳。姓歐。姓紀。姓魏。姓甄。姓夏。姓姚。姓狄。

廖姓與金姓如下：姓曹。姓后。姓邵。姓尹。姓伊。姓唐。姓廖。姓謝。姓嚴。姓鄧。姓戚。姓費。姓詹。

廖姓與水姓如下：姓潘。姓汪。姓洪。姓江。姓胡。姓游。姓沈。

闕　姓

納音五行屬性為金。忌火姓、水姓。喜木姓、土姓。

若與火姓合夥或聯姻者：則常會遭遇經濟與財務吃緊問題，事業則會停頓，工作則會常換，居住場所也會常遷移，甚至房屋被法拍的問題出現，更要注意票據問題，與人合夥則容易被跳票，與人聯姻則無法白頭偕老亦有之。

若與水姓合夥或聯姻者：在財務上則會比較吃緊，常為軋票而煩惱，入不敷出的情況則會越來越嚴重，甚至變賣家產來補虧空，身體也要注意積勞成疾的問題發生。親情遠離，老運孤獨之行運，與人合夥則虧損連連，與人聯姻則無法享受天倫亦有之。

若與木姓合夥或聯姻者：在求學的過程，考運的運氣雖有驚，但無險，只要肯努力，還是可以過關，公務員的資格考試則會比較順利，學習一技之長的話，也可以靠其專業而養家糊口。與人合夥則會漸入佳境，與人聯姻則會久久不衰亦有之。

若與土姓合夥或聯姻者：一生行運則比較幸運，經濟困頓的時候，就會遇上貴人。情緒低落的時候，就會遇上好友安慰，成家立業的時候，就會有人介紹好緣，福與慧皆修的很圓滿，與人合夥則能完全信任對方，與人聯姻則會結好緣，相輔相成亦有之。

若與金姓合夥或聯姻者：則是其運勢為次吉也。

闕姓與火姓如下：姓鄭。姓盛。姓武。姓伍。姓韓。姓年。姓盧。姓熊。姓羅。姓聶。姓屈。

闕姓與水姓如下：姓凌。姓祝。姓湯。姓汪。姓江。姓洪。姓雷。姓岳。姓彭。姓溫。姓沈。

闕姓與木姓如下：姓李。姓宋。姓季。姓林。姓余。姓徐。姓柯。

闕姓與土姓如下：姓王。姓卓。姓黃。姓甘。姓董。姓苗。姓巫。姓萬。姓薛。姓葛。

闕姓與金姓如下：姓金。姓周。姓呂。姓田。姓吉。姓張。姓高。姓白。姓商。姓簡。姓何。姓方。

巴姓

納音五行屬性為火。忌水姓、土姓。喜金姓、木姓。

若與水姓合夥或聯姻者：其行運則會常感失望，得失心也會看的更重，常因患得患失，得罪於人，乃至雖得小利，卻失去好朋友，或貴人的幫助，等真正需要幫助時，卻不見人願意伸援手，與人合夥則常意見不合，與人聯姻更是無法同心亦有之。

若與土姓合夥或聯姻者：則常會與人共同患難的行運發生，俗話說的好，「好康的沒份，壞運卻要共同承擔」。即此格之人最佳的寫實記錄。也因常遭朋友連累，損失不少金錢，又遭受家人的不諒解，與人合夥卻又替人背債，與人聯姻又遭親人不諒解亦有之。

若與金姓合夥或聯姻者：一生行運則處處受人奉承或巴結。怕的是養成喜歡被奉承的習慣，最後受人利用而不知，故結交朋友則要特別小心，遠離酒肉之友，多親近賢達，與人合夥則多學專業知識，與人聯姻則多聽建議，以免被倒帳亦有之。

若與木姓合夥或聯姻者：其行運則較幸運，有成名得利之緣，也有做事業賺錢的機會，從事演藝工作也會比別人順利，與人合夥也會多一份收入。置產也會有潤餘，與人聯姻則會受對方幫助，食祿無憂，老運亨通亦有之。

若與火姓合夥或聯姻者：則是其運勢為次吉也。

巴姓與土姓如下：姓戴。姓蔡。姓莊。姓葉。姓范。姓蘇。姓蔣。姓花。姓蕭。姓蒲。姓藍。姓華。姓苗。

巴姓與水姓如下：姓褚。姓彭。姓湯。姓洪。姓江。

巴姓與木姓如下：姓柏。姓宋。姓林。姓陳。姓朱。姓米。姓秦。姓樂。姓黏。姓徐。

巴姓與金姓如下：姓申。姓昌。姓管。姓陶。姓任。姓陸。姓冉。姓竇。姓向。姓白。姓簡。姓張。姓吉。姓周。

巴姓與火姓如下：姓夏。姓姚。姓吳。姓許。姓狄。姓紀。姓姜。姓歐。姓毛。姓尤。

白姓

納音五行屬性為金。忌火姓、水姓。喜木姓、土姓。

若與火姓合夥或聯姻者：特別要保重自己的身體，以及勞碌辛苦，卻換來兩頭皆空，白忙一場的行運，把辛苦建立起來的江山，事業拱手讓人之衰運，以及親朋遠離的下場，與人合夥，則把事業拱手頂之，與人聯姻則以悲劇收場亦有之。

若與水姓合夥或聯姻者：一生行運則興衰差很大，興時名氣響亮，人人奉承，受人敬重，衰時，名節受損，人人害怕，受人誹謗，憂鬱成疾，憤世不平，自哀自憐，信心漸失，與人合夥則不容易賺錢，與人聯姻則不會有好結果亦有之。

若與木姓合夥或聯姻者：生活則會過的很愉快，有個快樂的童年，充滿快樂的希望，美夢很容易成真，生活過的很有意義，很有踏實感，事業則逐漸有成，小有成就，與人合夥則可以壯大事業與版圖，與人聯姻則增加自信心亦有之。

若與土姓合夥或聯姻者：一生行運則可靠自己，可以白手起家、自立門戶，乃至成家立業，若往音樂、醫藥學系、陶瓷藝、育幼院、清潔美容用品相關行業發展的話，一定可以賺錢，與人合夥則能把事業做大，與人聯姻則能百事皆吉亦有之

若與金姓合夥或聯姻者：則是其運勢為次吉也。

白姓與火姓如下：姓鄭。姓盛。姓武。姓伍。姓韓。姓年。姓盧。姓熊。姓羅。姓聶。姓屈。

白姓與水姓如下：姓凌。姓祝。姓湯。姓汪。姓江。姓洪。姓雷。姓岳。姓彭。姓溫。姓沈。

白姓與木姓如下：姓李。姓宋。姓季。姓林。姓余。姓徐。姓柯。

白姓與土姓如下：姓王。姓卓。姓黃。姓甘。姓董。姓苗。姓巫。姓萬。姓薛。姓葛。

白姓與金姓如下：姓金。姓周。姓呂。姓田。姓吉。姓張。姓高。姓白。姓商。姓簡。姓何。

姓方。

卓姓

納音五行屬性為土。忌木姓、金姓。喜水姓、火姓。

若與木姓合夥或聯姻者：則會影響自身的權力與地位，讓越來越多的競爭者打敗，就算不服輸都沒用，無力可回天，只能眼睜睜的看後起之秀把自己打敗，原因則在於不願意改變，與人合夥則無法與人溝通，與人聯姻則孤僻獨行亦有之。

若與金姓合夥或聯姻者：則要特別注意，若身為公務員者，千萬不可貪財，以免換來牢獄之災。若身為幕僚之人者，千萬記住，別跟上司或老闆意見不合起衝突，以免被炒魷魚。與人合夥則要多聽別人意見，與人聯姻則要接受別人缺點，以免不歡而散亦有之。

若與水姓合夥或聯姻者：做事若能處處圓融，則會有很好的結果。與人共事若能接受別人的提議，事業則能做得更順利，上司或老闆交待的事，若能做得有聲有色，則會讓人另眼相待，與人合夥則處處受尊重，與人聯姻則風光十足亦有之。

若與火姓合夥或聯姻者：一生行運，其事業則可大展宏圖，成績有卓越非凡的表現，特別是學業方面的成績，都有機會名列前茅呢！名利雙收之運，與人合夥則受人重用，與人聯姻則會越來越順利，乃至富有亦有之。

若與土姓合夥或聯姻者：則是其運勢為次吉也。

卓姓與木姓如下：姓李。姓賴。姓楊。姓柳。姓黎。姓梁。姓穆。

卓姓與金姓如下：姓曹。姓后。姓邵。姓尹。姓伊。姓唐。姓廖。姓謝。姓嚴。姓鄧。姓戚。姓費。姓詹。

卓姓與水姓如下：姓潘。姓汪。姓洪。姓江。姓胡。姓游。姓沈。姓翁。姓雷。姓凌。姓彭。姓岳。姓湯。

卓姓與火姓如下：姓尤。姓毛。姓元。姓許。姓吳。姓歐。姓紀。姓魏。姓甄。姓夏。姓姚。姓狄。

卓姓與土姓如下：姓葛。姓卓。姓黃。姓董。姓苗。姓巫。姓萬。姓薛。姓黃。姓甘。姓蕭。姓范。

劉姓

納音五行屬性為金。忌火姓、水姓。喜木姓、土姓。

若與火姓合夥或聯姻者：其考運、文昌、科舉，就要比較辛苦，人的光明面則會逐漸變暗，一生將干戈連連，是非不斷的發生，樹立的敵人則會趁機打擊也。故與人合夥則要注意，與人聯姻更要謙讓，否則被報復時，下場很慘亦有之。

若與水姓合夥或聯姻者：則要加倍學習，比別人更用功，求學或求職都會遇上一波三折的行運，事業則要勤勞，辛苦、努力，來換起經濟之基礎，千萬別太心急，與人合夥也一樣，與人聯姻更是要想清楚，免得後悔莫及亦有之。

若與木姓合夥或聯姻者：一生行運則會遇上志同道合之人，可以同甘苦，共享樂，會結交許多好朋友，與知己之友，功名也會顯貴，無論求職或公務員的職位，都會順利，甚至升官，與人合夥則能相得益彰，與人聯姻則增加助益亦有之。

若與土姓合夥或聯姻者：一生行運則有許多賺錢機會，但要注意同行競爭者的手段，與扯後腿的事件發生，千萬不可當面衝突，以免吃虧。行業則以警察、軍人、公務員為最佳。事業若與人合夥也能得利，與人聯姻則晚婚亦有之。

若與金姓合夥或聯姻者：則是其運勢為次吉也。

劉姓與火姓如下：姓鄭。姓盛。姓武。姓伍。姓韓。姓年。姓盧。姓熊。姓羅。姓聶。姓屈。

劉姓與水姓如下：姓凌。姓祝。姓湯。姓汪。姓江。姓洪。姓雷。姓岳。姓彭。姓溫。姓沈。

劉姓與木姓如下：姓李。姓宋。姓季。姓林。姓余。姓徐。姓柯。

劉姓與土姓如下：姓王。姓卓。姓黃。姓甘。姓董。姓苗。姓巫。姓萬。姓薛。姓葛。

劉姓與金姓如下：姓金。姓周。姓呂。姓田。姓吉。姓張。姓高。姓白。姓商。姓簡。姓何。姓方。

黃 姓

納音五行屬性為土。忌木姓、金姓。喜水姓、火姓。

若與木姓合夥或聯姻者：一生行運則要注意財產、不動產糾紛，以及被侵佔或產權不清，或兄弟為爭產反目為仇的事件發生。還要注意感情、桃花事件而影響家庭問題，與人合夥更要注意被侵佔。與人聯姻則有家庭破碎亦有之。

若與金姓合夥或聯姻者：一生行運則要注意感情、桃花所引起三角關係，以及惹出家庭革命，或婆媳不合，或翁婿不合，苦了當事人，兩邊不討好，痛苦傷心也。事業雖有賺錢，但守財不易，與人合夥則虧錢了事，與人聯姻則離異收場亦有之。

若與水姓合夥或聯姻者：則能處處受人提拔、幫助之行運，少時雖辛苦，環境雖艱辛，但都會克服，有堅忍不拔的意志力，無論工作或自己創業，則有小成就，小有積蓄。與人合夥較不能適應，與人聯姻則能掌控經濟大權亦有之。

若與火姓合夥或聯姻者：則會處處逢貴人，更有絕處逢生的行運，不會遭遇大起大落，財運也會慢慢累積，事業則會慢慢成長，自己置產也可以賺錢，事業若以餐飲或房地產，則能得利，與人合夥則會賺錢，與人聯姻則致富亦有之。

若與土姓合夥或聯姻者：則是其運勢為次吉也。

黃姓與木姓如下：姓李。姓賴。姓楊。姓柳。姓黎。姓梁。姓穆。

黃姓與金姓如下：姓曹。姓后。姓邵。姓尹。姓伊。姓唐。姓廖。姓謝。姓嚴。姓鄧。姓戚。姓費。姓詹。

黃姓與水姓如下：姓潘。姓汪。姓洪。姓江。姓胡。姓游。姓沈。姓翁。姓雷。姓凌。姓彭。姓岳。姓湯。

黃姓與火姓如下：姓尤。姓毛。姓元。姓許。姓吳。姓歐。姓紀。姓魏。姓甄。姓夏。姓姚。姓狄。

黃姓與土姓如下：姓葛。姓卓。姓黃。姓董。姓苗。姓巫。姓萬。姓薛。姓黃。姓甘。姓蕭。姓范。

戴姓

納音五行屬性為土。忌木姓、金姓。喜水姓、火姓。

若與木姓合夥或聯姻者：一生行運則要注意家庭風波，夫妻相處關係生變所引起的糾紛，事業若為交通之相關行業者，也要注意主顧之糾紛出現，在異性方面則要注意三角糾紛出現，與人合夥則要注意錢財問題。與人聯姻則要注意感情生變亦有之。

若與金姓合夥或聯姻者：則會出現自我奉獻、熱臉貼在冷屁股上的行運，或介入別人的家庭，或做別人的第三者，或與人鬧三角感情的糾紛，以及出錢又出力且得不到任何的回報。與人合夥則無法掌控，與人聯姻則要蠟燭兩頭燒亦有之。

若與水姓合夥或聯姻者：一生行運，只要肯認真做事，用功讀書者，都有明顯的成績出現，正所謂一分努力就會有一分的收獲。也會遇上用情專一的對象來追求，事業與財運也會好轉。與人合夥則合作無間，與人聯姻則越久越見真情亦有之。

若與火姓合夥或聯姻者：一生行運則有知己朋友相挺，出外拼事業則有好友相助，感情上則有紅粉支持，資本上則有父母挹注，交友更會互相打氣，讓人生更有活力且更有精神，與人合夥則遇上佳運，與人聯姻更有佳緣亦有之。

若與土姓合夥或聯姻者：則是其運勢為次吉也。

戴姓與木姓如下：姓李。姓賴。姓楊。姓柳。姓黎。姓梁。姓穆。

戴姓與金姓如下：姓曹。姓后。姓邵。姓尹。姓伊。姓唐。姓廖。姓謝。姓嚴。姓鄧。姓戚。姓費。姓詹。

戴姓與水姓如下：姓潘。姓汪。姓洪。姓江。姓胡。姓游。姓沈。姓翁。姓雷。姓凌。姓彭。姓岳。姓湯。

戴姓與火姓如下：姓尤。姓毛。姓元。姓許。姓吳。姓歐。姓紀。姓魏。姓甄。姓夏。姓姚。姓狄。

戴姓與土姓如下：姓葛。姓卓。姓黃。姓董。姓苗。姓巫。姓萬。姓薛。姓黃。姓甘。姓蕭。姓范。

湯姓

納音五行屬性為水。忌土姓、木姓。喜火姓、金姓。

若與土姓合夥或聯姻者：做事則要步步小心，勿以應付或只做表面功夫，以為可以瞞騙過去，如此會把自己的誠信弄壞，並且在處理事情時，總以和稀泥的方式，就會讓人看不起，與人合夥則不被信任，與人聯姻則有吵鬧不休亦有之。

若與木姓合夥或聯姻者：則要自身潔愛，不可染上惡習，否則身敗名裂不說，還會把身體搞壞，把事業與前途斷送，把錢財揮霍掉時，就會後悔莫及。與人合夥則無法互相信任，與人聯姻則無法融洽亦有之。

若與火姓合夥或聯姻者：則會遇上善心人幫助，無論社團，或事業均可兩兼顧，或做公益，熱心幫助別人，幫助弱勢之行運出現，雖不愛名不愛利，但名利卻能皆得，不須費心勞力也。與人合夥，利益則唾手可得，與人聯姻則恩愛有加亦有之。

若與金姓合夥或聯姻者：則有機會出生、投胎在啣著金湯匙之家。或與貴人之人結交，提昇自身的知名度，或貴氣出眾，能吸引多人的眼光，名利自然雙收之運。與人合夥則能相互提拔，與人聯姻則有四處旅遊之運亦有之。

若與水姓合夥或聯姻者：則是其運勢為次吉也。

湯姓與土姓如下：姓葛。姓卓。姓黃。姓董。姓苗。姓巫。姓萬。姓蔡。姓藍。姓華。

湯姓與木姓如下：姓李。姓賴。姓楊。姓柳。姓黎。姓梁。姓穆。姓徐。姓陳。姓林。姓朱。

湯姓與火姓如下：姓尤。姓毛。姓元。姓許。姓吳。姓歐。姓紀。姓魏。姓甄。姓夏。姓姚。姓狄。

湯姓與金姓如下：姓曹。姓后。姓邵。姓尹。姓伊。姓唐。姓廖。姓謝。姓嚴。姓鄧。姓戚。姓費。姓詹。

湯姓與水姓如下：姓潘。姓汪。姓洪。姓江。姓胡。姓游。姓沈。

簡姓

納音五行屬性為金。忌火姓、水姓。喜木姓、土姓。

若與火姓合夥或聯姻者：一生行運得處處謹慎行事，絕不可以馬虎應付，否則可能由簡單事件，演變成大事，嚴重者，則演變一發不可收拾之行運也。與人合夥更要小心謹慎，與人聯姻更要負起家庭責任，以免家庭變故亦有之。

若與水姓合夥或聯姻者：生活則要盡量深居簡出，不可太招搖，以免招來無妄之災，若能勤儉守德，才能避開無謂之紛爭。自掃門前雪，休管他人瓦上霜，若做不到，則要多多受災難臨身，與人合夥則要以退為進，與人聯姻更要注意叛變亦有之。

若與木姓合夥或聯姻者：事業則以建築、土木工程、木業或簡餐之相關行業，有機會成名，或佔有一席之地，為人不可吝嗇，否則會漸漸失去朋友，有困難則要自己去承擔，與人合夥則勿貪小利，與人聯姻則漸有積蓄，乃至致富亦有之。

若與土姓合夥或聯姻者：事業若以土地買賣，工地建築，房屋仲介買賣的話，則有機會賺到許多財富呢！以及四處旅遊之行運，又因人口簡便，若能多結交益友，增加內在知識，則能更愉快，與人合夥則不要斤斤計較，與人聯姻則能受惠亦有之。

若與金姓合夥或聯姻者：則是其運勢為次吉也。

簡姓與火姓如下：姓鄭。姓盛。姓武。姓伍。姓韓。姓年。姓盧。姓熊。姓羅。姓聶。姓屈。

簡姓與水姓如下：姓淩。姓祝。姓湯。姓汪。姓江。姓洪。姓雷。姓彭。姓溫。姓沈。

簡姓與木姓如下：姓李。姓宋。姓季。姓林。姓余。姓徐。姓柯。

簡姓與土姓如下：姓王。姓卓。姓黃。姓甘。姓董。姓苗。姓巫。姓萬。姓薛。姓葛。

簡姓與金姓如下：姓金。姓周。姓呂。姓田。姓吉。姓張。姓高。姓白。姓商。姓簡。姓何。姓方。

曾姓

納音五行屬性為金。忌火姓、水姓。喜木姓、土姓。

若與火姓合夥或聯姻者：一生行運則要多辛苦，凡事得靠自己力量去承擔，更要負起家庭生計，須要幫助時，又孤立無援，只能緊咬牙關，硬撐下去，搞得滿身病疾之行運，與人合夥則無法賺錢，與人聯姻則無法白首偕老亦有之。

若與水姓合夥或聯姻者：則常會遭遇與人意見不合，與家人若近若離，與朋友相處則容易水火不容，乃至反目成仇，自己做事業則虧損連連，勞心勞力皆付諸流水。與人合夥則逢不景氣，與人聯姻則各走各路，勞燕分飛亦有之。

若與木姓合夥或聯姻者：做事則不會有「緣木求魚」的行運發生，文昌光明，學識淵博，但得須認真求學、讀書，才有機會大展畢生所學，而能學以致用。與人合夥事業則能大放異彩，與人聯姻則容易遇有深造的機會亦有之。

若與土姓合夥或聯姻者：財產的部份則會由少增多，人際關係則會由冷增熱，工作就職則會由低昇高，事業則會由小增大，親人緣則會由薄增厚，與人合夥則會由無到有，與人聯姻則由淡轉溫，感情轉亦師亦友也。

若與金姓合夥或聯姻者：則是其運勢為次吉也。

曾姓與火姓如下：姓鄭。姓盛。姓劉。姓伍。姓韓。姓年。姓盧。姓熊。姓羅。姓聶。姓屈。姓方。

曾姓與水姓如下：姓凌。姓祝。姓湯。姓汪。姓江。姓洪。姓雷。姓岳。姓彭。姓溫。姓沈。

曾姓與木姓如下：姓李。姓宋。姓季。姓林。姓余。姓徐。姓柯。

曾姓與土姓如下：姓王。姓卓。姓黃。姓甘。姓董。姓苗。姓巫。姓萬。姓薛。姓葛。

曾姓與金姓如下：姓金。姓周。姓呂。姓田。姓吉。姓張。姓高。姓白。姓商。姓簡。姓何。

夏姓

納音五行屬性為火。忌水姓、土姓。喜金姓、木姓。

若與水姓合夥或聯姻者：一生行運則常被潑冷水，或熱臉貼別人的冷屁股，一旦稍有起色的工作或業務，就很容易被打壓，故處理事務時，千萬不可鋒芒太露，以免自討沒趣，與人合夥則遭遇有頭無尾結局，與人聯姻則遭遇還沒開始即結束亦有之。

若與土姓合夥或聯姻者：則常會遭遇表錯情、會錯意的狀況發生，以及說者無心，聽者卻有意，造成沒必要之誤會呢！然而自身脾氣之控制，千萬不可亂發脾氣，造成朋友漸離的情形，與人合夥則會付諸流水，與人聯姻則人財兩失亦有之。

若與金姓合夥或聯姻者：事業總有呱呱叫的時刻，雖得小利，但名聲卻遠傳，有光宗耀祖之勢，有衣錦還鄉的榮譽，更可以為許多百姓服務，尤其是政治，律師，講師方面，都可以做的很出色，與人合夥則名利雙收，與人聯姻則百枕無憂亦有之。

若與木姓合夥或聯姻者：做起事來則比較輕鬆，不必勞心勞累，也能網羅許多精英人才，助手來幫忙，讓自己的事業越做越順利，越做越起勁，與人競爭也能順利過關，與人合夥也能平安無事，與人聯姻則皆圓滿亦有之。

若與火姓合夥或聯姻者：則是其運勢為次吉也。

夏姓與土姓如下：姓戴。姓蔡。姓莊。姓葉。姓范。姓蘇。姓蔣。姓花。姓蕭。姓蒲。姓藍。姓華。姓苗。

夏姓與水姓如下：姓褚。姓彭。姓湯。姓洪。姓江。

夏姓與木姓如下：姓柏。姓宋。姓林。姓陳。姓朱。姓米。姓秦。姓樂。姓黏。姓徐。

夏姓與金姓如下：姓申。姓昌。姓管。姓陶。姓任。姓陸。姓冉。姓竇。姓向。姓白。姓簡。姓張。姓吉。姓周。

夏姓與火姓如下：姓夏。姓姚。姓吳。姓許。姓狄。姓紀。姓姜。姓歐。姓毛。姓尤。

汪　姓

納音五行屬性為水。忌土姓、木姓。喜火姓、金姓。

若與土姓合夥或聯姻者：一生行運則要注意感情被傷害，婚姻家庭破碎的悲慘事件發生，交友更要小心桃花劫運，免得被騙財騙色，投資事業則要小心，不要隨便投資，尤其是自己無法掌控的。與人合夥則勿貪，與人聯姻要注意家庭問題亦有之。

若與木姓合夥或聯姻者：一生行運則會做出許多冤枉事，有口難言，有苦難訴，有錢賺不到，有利變無利，有理變無理之事件發生呢！出力又不討好，得來無妄之災降臨也，與人合夥也不歡而散，與人聯姻則備受屈辱亦有之。

若與火姓合夥或聯姻者：則會出現比較理智的個性，做事不易衝動，對感情的處理，則理性勝過感性，故會挑選一位志同道合者，不會因衝動而結婚，會細心觀察，才會進行，與人合夥則能相安無事，與人聯姻則變亦師亦友亦有之。

若與金姓合夥或聯姻者：個性雖多愁善感，且愛浪漫，但處事則很有分寸，對事情的看法則比較客觀，會分析利弊給人聽，讓人信服，產生自信心。與人合夥則能合作愉快，與人聯姻則能讓對方依賴亦有之。

若與水姓合夥或聯姻者：則是其運勢為次吉也。

汪姓與土姓如下：姓葛。姓卓。姓黃。姓董。姓苗。姓巫。姓萬。姓蔡。姓藍。姓華。

汪姓與木姓如下：姓李。姓賴。姓楊。姓柳。姓黎。姓梁。姓穆。姓徐。姓陳。姓林。姓朱。

汪姓與火姓如下：姓尤。姓毛。姓元。姓許。姓吳。姓歐。姓紀。姓魏。姓甄。姓夏。姓姚。姓狄。

汪姓與金姓如下：姓曹。姓后。姓邵。姓尹。姓伊。姓唐。姓廖。姓謝。姓嚴。姓鄧。姓戚。姓費。姓詹。

汪姓與水姓如下：姓潘。姓汪。姓洪。姓江。姓胡。姓游。姓沈。

杜姓

納音五行屬性為木。忌金姓、火姓。喜土姓、水姓。

若與金姓合夥或聯姻者：則要小心謹慎，別把祖先留下的餘產給敗光，支票不要亂開，更不可隨意投資，以及替人做保，免得被連累，失財還要惹上官司，把自己的信用也打壞，與人合夥則讓人害怕，與人聯姻則得不到信任亦有之。

若與火姓合夥或聯姻者：則要注意，不可拈花惹草，以免招來桃花劫運，失財不說，嚴重的話，更會招來身敗名裂之行運，以及言行不可愛出風頭，做事不可鋒芒太露，以免招來小人傷害，與人合夥則要低調，與人聯姻則無實權亦有之。

若與土姓合夥或聯姻者：一生行運，心情總能放鬆，信任別人或下屬均可以把交待的事辦的完美，也可杜絕一些人情上的包袱，自由愉快的心情過生活呢！與人合夥則能信任對方，與人聯姻則更能打造一個快樂的家庭亦有之。

若與水姓合夥或聯姻者：一生行運則會遇上無心插柳柳卻成蔭之狀況，或別人做不起來的事業，一旦換自己接手，竟可創造奇蹟，做得很成功呢！也因此在無形中增加許多財富也！與人合夥總是能得利而做，與人聯姻就算不好，也能無事抽身亦有之。

若與木姓合夥或聯姻者：則是其運勢為次吉也。

杜姓與金姓如下：姓曹。姓伊。姓韶。姓嚴。姓鄧。姓仇。姓戚。姓雍。姓詹。姓施。姓齊。姓康。姓傅。姓邱。

杜姓與火姓如下：姓鄭。姓孟。姓段。姓韓。姓年。姓熊。姓羅。姓尹。姓聶。姓盧。

杜姓與土姓如下：姓薛。姓萬。姓董。姓苗。姓甘。姓卓。姓黃。

杜姓與水姓如下：姓霍。姓雷。姓裴。姓翁。姓龍。姓羿。姓江。姓洪。姓游。姓胡。姓沈。姓汪。姓潘。

杜姓與木姓如下：姓佘。姓秦。姓陳。姓米。姓林。姓宋。姓黏。姓梅。姓徐。姓程。姓樂。姓柯。

姚 姓

納音五行屬性為火。忌水姓、土姓。喜金姓、木姓。

若與水姓合夥或聯姻者：本來完美的事，半途會殺出一個程咬金來破壞，就算感情的遭遇也一樣，談的好好的感情，也會忽然出現情敵或第三者破壞，與人合夥更會遭遇小人中傷，與人聯姻則要預防第三者亦有之。

若與土姓合夥或聯姻者：男人要注意配錯對，女人則要注意跟錯人，事業則會遇上許多挫折，一換再換的工作，皆得不到適當的時機，一旦放棄，又很捨不得，與人合夥也一樣，放棄時，只能眼睜睜看別人賺錢，與人聯姻也一樣，放棄才後悔亦有之。

若與金姓合夥或聯姻者：男人則能發揮才藝及技能，女人則能相夫教子，生活過的比別人愉快，不用擔心經濟問題，雙方皆有一份固定的收入。與人合夥則能受到貴人幫助，與人聯姻則有一段好婚緣，無憂無慮亦有之。

若與木姓合夥或聯姻者：一生行運則有良好的異性緣與人際關係，若以演藝事業入行的話，就會受到許多人的歡迎與幫助，甚者攀緣入豪門呢！與人合夥要注意感情問題，與人聯姻在家隱居亦有之。

若與火姓合夥或聯姻者：則是其運勢為次吉也。

姚姓與土姓如下：姓戴。姓蔡。姓莊。姓葉。姓范。姓蘇。姓蔣。姓花。姓蕭。姓蒲。姓藍。姓華。姓苗。

姚姓與水姓如下：姓褚。姓彭。姓岳。姓湯。姓洪。姓江。

姚姓與木姓如下：姓柏。姓宋。姓林。姓陳。姓朱。姓米。姓秦。姓樂。姓黏。姓徐。

姚姓與金姓如下：姓申。姓昌。姓管。姓陶。姓任。姓陸。姓冉。姓竇。姓向。姓白。姓簡。姓張。姓吉。姓周。

姚姓與火姓如下：姓夏。姓姚。姓吳。姓許。姓狄。姓紀。姓姜。姓歐。姓毛。姓尤。

林　姓

納音五行屬性為木。忌金姓、火姓。喜土姓、水姓。

若與金姓合夥或聯姻者：則要注意兄弟反目成仇，夫婦反目離去，或各自為政之狀況發生，或大難來時各自飛的行運，事業則要注意同行相嫉，暗箭傷害的情況發生。與人合夥則容易被背叛，與人聯姻則有相見不如不見亦有之。

若與火姓合夥或聯姻者：則要遭遇所辛苦經營的事業，一夕之間付之流水，辛勞得不到安慰，失敗得不到同情，痛苦還要遭指責，每次都幫錯人，選錯人，最後連老本都保不住，與人合夥則要被騙，與人聯姻則慘敗亦有之。

若與土姓合夥或聯姻者：則會磨練出刻苦耐勞的毅力，以及適應力，事業則可以由小型轉變成大型企業，也可以做連鎖或直銷之事業，另外做自由業，都有發揮的空間。與人合夥則可以盡情發展，與人聯姻則能步步和諧，和氣生財亦有之。

若與水姓合夥或聯姻者：生活則能過著如沐春風的日子，與人生活也可以快快樂樂，受人照顧，人際關係方面，則非常良好，有很多的異性追求者，學業可以進步，事業可以達成，與人合夥則能和氣生財，與人聯姻則遇上好佳緣，互相依賴亦有之。

若與木姓合夥或聯姻者：則是其運勢為次吉也。

林姓與金姓如下：姓曹。姓伊。姓韶。姓嚴。姓鄧。姓仇。姓戚。姓雍。姓詹。姓施。姓齊。姓康。姓傅。姓邱。

林姓與火姓如下：姓鄭。姓孟。姓段。姓韓。姓年。姓熊。姓羅。姓尹。姓聶。姓盧。

林姓與土姓如下：姓薛。姓萬。姓董。姓苗。姓甘。姓卓。姓黃。

林姓與水姓如下：姓霍。姓雷。姓裴。姓翁。姓龍。姓羿。姓江。姓洪。姓游。姓胡。姓沈。姓汪。姓潘。

林姓與木姓如下：姓余。姓秦。姓陳。姓米。姓林。姓宋。姓黏。姓梅。姓徐。姓程。姓樂。姓柯。

康姓

納音五行屬性為金。忌火姓、水姓。喜木姓、土姓。

若與火姓合夥或聯姻者：就要非常注重自身的健康問題，只要稍不注意，就有可能把小病轉變成大病，嚴重的話有可能變成惡性腫瘤，甚至癌症，與人合夥則血本無歸，甚至變賣家產，與人聯姻則很難偕老亦有之。

若與水姓合夥或聯姻者：也要注意自身健康問題，以及行運衰退之運時，不要隨意投資或替人做保人，以及意外災害的發生，變成受害者。亂投資會被套牢，讓自己有志難伸也。與人合夥則要注意被坑錢，與人聯姻則要注意反目成仇亦有之。

若與木姓合夥或聯姻者：則會遭遇遠親以及朋友的幫助，感受到人情的溫馨，以及事業的成長，均有這些人的義助相挺，讓自己沒有後顧之憂，家庭事業都可以兩兼之行運。與人合夥則可以放心，與人聯姻則能無憂無慮亦有之。

若與土姓合夥或聯姻者：剛開始創業之路，雖有不能適應的感覺，而且容易水土不服，但時間久了，自然可以適應各種環境，讓自己能夠駕輕就熟，應付自如，財富自然也增加了許多，與人合夥則不能太操勞，要注意身體，與人聯姻仍以身體為重亦有之。

若與金姓合夥或聯姻者：則是其運勢為次吉也。

康姓與火姓如下：姓鄭。姓盛。姓巴。姓武。姓伍。姓韓。姓年。姓盧。姓熊。姓羅。姓聶。姓尹。

康姓與水姓如下：姓凌。姓祝。姓湯。姓汪。姓江。姓洪。姓雷。姓岳。姓彭。姓溫。姓沈。

康姓與木姓如下：姓李。姓宋。姓季。姓林。姓余。姓徐。姓柯。

康姓與土姓如下：姓王。姓卓。姓黃。姓甘。姓董。姓苗。姓巫。姓萬。姓薛。姓葛。

康姓與金姓如下：姓金。姓周。姓呂。姓田。姓吉。姓張。姓高。姓白。姓商。姓簡。姓何。姓方。

吳姓

納音五行屬性為火。忌水姓、土姓。喜金姓、木姓。

若與水姓合夥或聯姻者：做事則要處處提防與人格格不入，以及喜歡與人唱反調的個性，與親朋好友，為了小事鬧的水火不容的情況發生。更要預防身邊之人誤事，造成是非不斷的問題發生，與人合夥則搞的焦頭爛額，與人聯姻則會反目成仇亦有之。

若與土姓合夥或聯姻者：與人相處在金錢上或感情上，要把它分的很清楚，才不會造成不必要的誤會出現，一生行運則要比別人付出，辛苦勞累乃司空見慣，不足為奇了。財富與體力也會慢慢損耗，與人合夥則要注意財務糾紛，與人聯姻要注意婚變亦有之。

若與金姓合夥或聯姻者：則有機會成為出眾的企業家或領導人，甚至是出名的名人，可在演藝界成名得利之行運也。若是公務員或從政人員者，則有機會入主中央呢！但得要改改主觀意識也。與人合夥則能從中獲利，與人聯姻則要注意婚外情亦有之。

若與木姓合夥或聯姻者：雖有小失敗，但亦能東山再起，藉其它資源與人際關係把事業重新建立。故其人生歷練也要歷經幾番磨練與整合後，才會因誤會而認識，進而合作也。與人合夥則有小挫折，與人聯姻則能更致富亦有之。

若與火姓合夥或聯姻者：則是其運勢為次吉也。

吳姓與土姓如下：姓戴。姓蔡。姓莊。姓葉。姓范。姓蘇。姓蔣。姓花。姓蕭。姓蒲。姓藍。

姓華。姓苗。

吳姓與水姓如下：姓褚。姓彭。姓岳。姓湯。姓洪。姓江。

吳姓與木姓如下：姓柏。姓宋。姓林。姓陳。姓朱。姓米。姓秦。姓樂。姓黏。姓徐。

吳姓與金姓如下：姓申。姓昌。姓管。姓陶。姓任。姓陸。姓冉。姓竇。姓向。姓白。姓簡。

姓張。姓吉。姓周。

吳姓與火姓如下：姓夏。姓姚。姓吳。姓許。姓狄。姓紀。姓姜。姓歐。姓毛。姓尤。

傅姓

納音五行屬性為金。忌火姓、水姓。喜木姓、土姓。

若與火姓合夥或聯姻者：行運雖為公務員，但因下屬的事，介入吃力不討好，被下屬牽連，阻礙了升遷或被子女連累，把財產賠光亦有之，或為人做保被倒，名譽受損之行運，與人合夥則不順利，與人聯姻則吵鬧終老亦有之。

若與水姓合夥或聯姻者：一生行運則會遇上一堆爛帳，理都理不清的帳，常把自己搞的灰頭土臉，還要看別人臉色，有委曲也要放在肚子裡，一言又難盡。尤其是感情上的糾葛，受盡折磨也，與人合夥也要常吃暗虧，與人聯姻則負擔越來越重亦有之。

若與木姓合夥或聯姻者：在學業方面，學識方面多做進修的話，則會遇上伯樂欣賞，讓自己有一展才華的機會，也有身為教職，教師，教授之職者，都是名氣響亮的人物呢！與人合夥則可得另一份收入，與人聯姻則人人羡慕亦有之。

若與土姓合夥或聯姻者：一生行運則要好好把基礎做好，穩定的個性則處處受人欣賞，一旦基礎穩定了，其事業就會自然發展起來，也可以繼承祖先的基業，把它發揚光大，青出於藍呢！與人合夥則能掌控一切，與人聯姻則財富巨增亦有之。

若與金姓合夥或聯姻者：則是其運勢為次吉也。

傅姓與火姓如下：姓鄭。姓盛。姓巴。姓武。姓伍。姓韓。姓年。姓盧。姓熊。姓羅。姓聶。姓尹。

傅姓與水姓如下：姓淩。姓祝。姓湯。姓汪。姓江。姓洪。姓雷。姓岳。姓彭。姓溫。姓沈。

傅姓與木姓如下：姓李。姓宋。姓季。姓林。姓佘。姓徐。姓柯。

傅姓與土姓如下：姓王。姓卓。姓黃。姓甘。姓董。姓苗。姓巫。姓萬。姓薛。姓葛。

傅姓與金姓如下：姓金。姓周。姓呂。姓田。姓吉。姓張。姓高。姓白。姓商。姓簡。姓何。姓方。

何姓

納音五行屬性為金。忌水姓、火姓。喜木姓、土姓。

若與火姓合夥或聯姻者：其人生際遇則較坎坷，身體也會因為許多壓力，不堪負荷，甚至積勞成疾，把自己搞壞，乃至累倒亦有之。行運更會遭遇莫名其妙的災難臨身，更要注意一波未平，一波又起之運，與人合夥則無法賺錢，與人聯姻則無法長久亦有之。

若與水姓合夥或聯姻者：則要注意財務問題，以及妻兒之事，連累或為妻兒善後，孤苦伶仃之行運，晚婚或晚年得子，甚至寵壞小孩而不自知，或外遇生子，造成家庭風波，乃至分離之運也，與人合夥則失財被騙，與人聯姻最忌三角糾紛亦有之。

若與木姓合夥或聯姻者：則有許多旅遊或休假之機會，尤其是事業若以觀光旅遊業者，乃最適宜之行運呢！不但可以增加見聞，四處雲遊，又有固定的收入呢！其次則以貿易為佳也，與人合夥則增加收入。與人聯姻則熱鬧非凡亦有之。

若與土姓合夥或聯姻者：出生在小康的家庭，與權貴之人交往的機會則很大，可藉其人脈，加上認真誠懇的態度，一旦受到肯定時，則有機會一展抱負，乃至成功致富之行運也。與人合夥也逐漸順利。與人聯姻則能藉其人脈亦有之。

若與金姓合夥或聯姻者：則是其運勢為次吉也。

何姓與火姓如下：姓鄭。姓盛。姓巴。姓武。姓伍。姓韓。姓年。姓盧。姓熊。姓羅。姓聶。姓尹。

何姓與水姓如下：姓凌。姓祝。姓湯。姓汪。姓江。姓洪。姓雷。姓岳。姓彭。姓溫。姓沈。

何姓與木姓如下：姓李。姓宋。姓季。姓林。姓余。姓徐。姓柯。

何姓與土姓如下：姓王。姓卓。姓黃。姓甘。姓董。姓苗。姓巫。姓萬。姓薛。姓葛。

何姓與金姓如下：姓金。姓周。姓呂。姓田。姓吉。姓張。姓高。姓白。姓商。姓簡。姓何。姓方。

潘　姓

納音五行屬性為水。忌土姓、木姓。喜火姓、金姓。

若與土姓合夥或聯姻者：事業則會處處受阻礙，挫折不斷，且要注意交友不慎會被朋友連累。另外在感情上的波折，若為女子，更要注意遇人不淑，感情被騙，若為男子則要防範三角關係。與人合夥更須注意情關。與人聯姻則遇情關難過亦有之。

若與木姓合夥或聯姻者：一生行運則常追著錢跑，嚴重的被倒債，輕的則跑三點半。衰的則要往法院多走幾趟才行呢！男人更要注意風流債或風流病染身也。實乃守財不易，卻風流之行運也。與人合夥則要防感情糾紛。與人聯姻則因太風流以致家庭離散亦有之。

若與火姓合夥或聯姻者：五官長的不但清秀而且也端正。人緣極好，尤其是桃花異性緣。故非常適合演藝歌星之行業。若是企業家，也是人人羨慕或追求的對象呢！生活不必過的很辛苦，財源會自然而來。與人合夥則能親上加親。與人聯姻則掌實權亦有之。

若與金姓合夥或聯姻者：一生行運則有特別的際遇，可以讓人刻骨銘心或永生難忘之事，感情的遭遇也一樣，雖不一定有結局，但總會成為美好的追憶呢！尤其是偏財運特別旺，很容易抽中大獎喔！與人合夥則借人之好運得財。與人聯姻則好命連連亦有之。

若與水姓合夥或聯姻者：則是其運勢為次吉也。

潘姓與土姓如下：姓葛。姓卓。姓黃。姓董。姓苗。姓巫。姓萬。姓蔡。姓藍。姓華。

潘姓與木姓如下：姓李。姓賴。姓楊。姓柳。姓黎。姓梁。姓穆。姓徐。姓陳。姓林。姓朱。

潘姓與火姓如下：姓尤。姓毛。姓元。姓許。姓吳。姓歐。姓紀。姓魏。姓甄。姓夏。姓姚。姓狄。

潘姓與金姓如下：姓曹。姓后。姓邵。姓尹。姓伊。姓唐。姓廖。姓謝。姓嚴。姓鄧。姓戚。姓費。姓詹。

潘姓與水姓如下：姓潘。姓汪。姓洪。姓江。姓胡。姓游。姓沈。

顏姓

納音五行屬性為火。忌水姓、土姓。喜金姓、木姓。

若與水姓合夥或聯姻者：一生行運雖有過著多彩多姿的生活，但皆是短暫而無法持久，原因乃在於太愛顏面，自尊心過強，乃至風波挫折不斷，讓自己的事業很難做的有起色。與人合夥則會遇上不景氣，與人聯姻則因個性不合鬧得不愉快亦有之。

若與土姓合夥或聯姻者：一生行運則要注意感情與婚姻生活及親人緣較薄的行運命格，感情上的磨練並無法改善其婚姻關係，好的緣總是來的不是時候，財來財去惡性循環，與人合夥雖有小利，但左手進右手出。與人聯姻則不長久亦有之。

若與金姓合夥或聯姻者：無論做任何事，都會受到別人的肯定，讓家人及自己覺得很有面子。事業若以美容護膚或漂亮珠寶、服飾業、設計師、美容師，都會有賺錢的機會。與人合夥則多一間連鎖店，與人聯姻也會多一份家人的肯定亦有之。

若與木姓合夥或聯姻者：一生行運則會比較順利，求知慾也會比較高，學業則會越來越進步，人際關係良好，也很有異性緣，六親緣份皆很好，很得父母、長輩的喜愛，感情上也會遇到好的對象。與人合夥則合作愉快，與人聯姻則充滿幸福亦有之。

若與火姓合夥或聯姻者：則是其運勢為次吉也。

顏姓與土姓如下：姓戴。姓蔡。姓莊。姓葉。姓范。姓蘇。姓蔣。姓花。姓蕭。姓蒲。姓藍。姓華。姓苗。
顏姓與水姓如下：姓褚。姓彭。姓岳。姓湯。姓洪。姓江。
顏姓與木姓如下：姓柏。姓宋。姓林。姓陳。姓朱。姓米。姓秦。姓樂。姓黏。姓徐。
顏姓與金姓如下：姓申。姓昌。姓管。姓陶。姓任。姓陸。姓冉。姓竇。姓向。姓白。姓簡。姓張。姓吉。姓周。
顏姓與火姓如下：姓夏。姓姚。姓吳。姓許。姓狄。姓紀。姓姜。姓歐。姓毛。姓尤。

謝姓

納音五行屬性為金。忌火姓、水姓。喜木姓、土姓。

若與火姓合夥或聯姻者：一生行運則容易掉進水深火熱的坑洞裡，遭其火煉水湮，痛苦不堪，乃至常遭遇家庭變故亦有之。以及身體積勞成疾，乃至全身病痛，過著時運不濟之生活。與人合夥則被騙錢財，與人聯姻則增加經濟負擔亦有之。

若與水姓合夥或聯姻者：一生行運則忌車怕水，要小心意外車禍之災難，以及水邊或海邊，切勿獨自戲水，以免遭遇不測，感情也要注意，切勿搞三角戀情，以免被騙或被傷害。

若與木姓合夥或聯姻者：其人際關係則會良好，與人溝通能力強，可以吃苦耐勞，辛苦也會得到代價。財運也會比較好，事業則可以有成就，養家活口都不成問題，身體則較強健，與人合夥則平安無事，與人聯姻則會相挺，夫妻長壽亦有之。

若與土姓合夥或聯姻者：一生行運則較幸運，可以白手起家，事業有成，雖辛勞，但小有成就，財運則會增加，有置產的空間，雖遇小挫折，但都可以一一克服，家庭則會逐漸熱鬧，變成一個大家庭，與人合夥比較不適合，與人聯姻則越老越好亦有之。

若與金姓合夥或聯姻者：則是其運勢為次吉也。

謝姓與火姓如下：姓鄭。姓盛。姓巴。姓武。姓伍。姓韓。姓年。姓盧。姓熊。姓羅。姓聶。姓尹。

謝姓與水姓如下：姓凌。姓祝。姓湯。姓汪。姓江。姓洪。姓雷。姓岳。姓彭。姓溫。姓沈。

謝姓與木姓如下：姓李。姓宋。姓季。姓林。姓余。姓徐。姓柯。姓朱。姓梅。

謝姓與土姓如下：姓王。姓卓。姓黃。姓甘。姓董。姓苗。姓巫。姓萬。姓薛。姓葛。

謝姓與金姓如下：姓金。姓周。姓呂。姓田。姓吉。姓張。姓高。姓白。姓商。姓簡。姓何。姓方。

蔡姓

納音五行屬性為土。忌木姓、金姓。喜水姓、火姓。

若與木姓合夥或聯姻者：其行運則要注意身體肝臟、筋骨、腸胃的疾病，在學業方面，求學的過程則會遭遇較多的挫折，以及風波不斷的家庭問題，甚至家道中落，逐漸行衰之行運矣！與人合夥則一去無回且浪費資金，與人聯姻則有許多波折亦有之。

若與金姓合夥或聯姻者：行運則要注意車禍、意外事件，以及財務問題、財運的損失，在做生意、股票、事業之投資，都會有血本無歸的行運發生。甚至招惹小人陷害的行運，最後變成一無所有也。與人合夥雖賺錢，但也守之不易，與人聯姻更要注意婚外情亦有之。

若與水姓合夥或聯姻者：則較有堅定的意志力，在遭遇挫折或風波時，大事總能化小，小事也能排解，原因則在於誠懇與誠信，讓人能夠信任，以及被誠懇的態度感動，故人際關係則特別好，與人合夥則能完全授權發揮，與人聯姻結好婚緣亦有之。

若與火姓合夥或聯姻者：一生行運則常有貴人幫助，事業可以化險為夷，財運可以由少積多，也有很好的偏財運、桃花運，異性緣特佳，故要注意桃花緣之處理，以免招惹三角關係，與人合夥也會被授權發揮，與人聯姻要多與家人溝通，以免被誤會亦有之。

若與土姓合夥或聯姻者：則是其運勢為次吉也。

蔡姓與木姓如下：姓李。姓賴。姓楊。姓柳。姓黎。姓梁。姓穆。

蔡姓與金姓如下：姓曹。姓后。姓邵。姓尹。姓伊。姓唐。姓廖。姓謝。姓嚴。姓鄧。姓戚。姓費。姓詹。

蔡姓與水姓如下：姓潘。姓汪。姓洪。姓江。姓胡。姓游。姓沈。姓翁。姓雷。姓凌。姓彭。姓岳。姓湯。

蔡姓與火姓如下：姓尤。姓毛。姓元。姓許。姓吳。姓歐。姓紀。姓魏。姓甄。姓夏。姓姚。姓狄。

蔡姓與土姓如下：姓葛。姓卓。姓黃。姓董。姓苗。姓巫。姓萬。姓薛。姓黃。姓甘。姓蕭。姓范。

魏姓

納音五行屬性為火。忌水姓、土姓。喜金姓、木姓。

若與水姓合夥或聯姻者：千萬不可自以為聰明，亂出點子，失財又失信用，留下一屁股債，讓父母擦屁股，招惹小人，是非不斷，惹官司連連之行運，更怕交友不慎，惹下重大案件自毀前程，與人合夥常有是非紛爭，與人聯姻又吵鬧不斷亦有之。

若與土姓合夥或聯姻者：一生行運則常遭遇事業、工作、升遷、生意與感情的競爭者出現，又不得不擇手段，故常得罪於小人也。甚至招惹小人暗害，官訟常有，人財皆失，親情不在，親人遠離之行運，與人合夥則是非不斷，與人聯姻則無法白首偕老亦有之。

若與金姓合夥或聯姻者：一生行運若願意謙卑與人多合作，多接受別人意見的話，則會由低升高，由小變大之事業運，慢慢發展成為規模的企業家，而不以小聰明自喜，自會成功，與人合夥才能順利無阻，與人聯姻雖有驚，但無險亦有之。

若與木姓合夥或聯姻者：其人與人的溝通能力則可訓練成為一流的人才，也有才藝且技藝出眾的潛力，一旦被激勵出來，則有一番之作為，一生食祿則不用愁，財運也不會很差，與人合夥則能慢慢發展成功，與人聯姻則能合作無間亦有之。

若與火姓合夥或聯姻者：則是其運勢為次吉也。

魏姓與土姓如下：姓戴。姓蔡。姓莊。姓葉。姓范。姓蘇。姓蔣。姓花。姓蕭。姓蒲。姓藍。姓華。姓苗。

魏姓與水姓如下：姓褚。姓彭。姓岳。姓湯。姓洪。姓江。

魏姓與木姓如下：姓柏。姓宋。姓林。姓陳。姓朱。姓米。姓秦。姓樂。姓黏。姓徐。

魏姓與金姓如下：姓申。姓昌。姓管。姓陶。姓任。姓陸。姓冉。姓竇。姓向。姓白。姓簡。姓張。姓吉。姓周。

魏姓與火姓如下：姓夏。姓姚。姓吳。姓許。姓狄。姓紀。姓姜。姓歐。姓毛。姓尤。

洪姓

納音五行屬性為水。忌土姓、木姓。喜火姓、金姓。

若與土姓合夥或聯姻者：則常要遭遇共同患難的行運，多於共享福，故而常做燃燒自己，照亮別人的事情，把自己的能量消耗掉，金錢與精力的流失，與回收則難成比例，久之則痛苦不堪負荷矣！與人合夥像是義務幫忙，與人聯姻則要兩頭燒亦有之。

若與木姓合夥或聯姻者：則常幫助別人，但背後又被扯後腿，以及遭遇感情被傷害的事件發生或被甩，甚至被利用而不自知，故一生行運乃最容易犯小人，也會被小人害的最慘，交友一定要慎擇矣！與人合夥則會誤入陷阱，與人聯姻則容易後悔亦有之。

若與火姓合夥或聯姻者：行運則比較能自己掌握，比較理性，不會做自己沒把握的事，觀察比較入微，也不容易衝動，故人際關係非常好，可以賺很多錢，也可以幫助別人，熱心公益呢！與人合夥則受尊重，與人聯姻則能互挺亦有之。

若與金姓合夥或聯姻者：一生行運則能鴻運當頭，無論感情、財運、事業則都能得意，學業也能一帆風順，尤其是考運、升遷都很有吉利的運氣。並且得上司器重，父母長輩之信任矣！與人合夥則能增加知識，與人聯姻則喜上加喜亦有之。

若與水姓合夥或聯姻者：則是其運勢為次吉也。

洪姓與土姓如下：姓葛。姓卓。姓黃。姓董。姓苗。姓巫。姓萬。姓蔡。姓藍。姓華。

洪姓與木姓如下：姓李。姓賴。姓楊。姓柳。姓黎。姓梁。姓穆。姓徐。姓陳。姓林。姓朱。

洪姓與火姓如下：姓尤。姓毛。姓元。姓許。姓吳。姓歐。姓紀。姓魏。姓甄。姓夏。姓姚。姓狄。

洪姓與金姓如下：姓曹。姓后。姓邵。姓尹。姓伊。姓唐。姓廖。姓謝。姓嚴。姓鄧。姓戚。姓費。姓詹。

洪姓與水姓如下：姓潘。姓汪。姓洪。姓江。姓胡。姓游。姓沈。

賴 姓

納音五行屬性為木。忌金姓、火姓。喜土姓、水姓。

若與金姓合夥或聯姻者：一生行運則要注重理財、投資、借款或招會標會的糾紛發生，只要一不小心，就會出現意想不到的災難，以及自身身體的疾病，以免重病臨身，花光積蓄之運也。與人合夥則要防患，與人聯姻更要互相容忍亦有之。

若與火姓合夥或聯姻者：在行衰運之時，則要防範別人火上加火的動作，故平時則要處處小心，不要隨意得罪別人，以及不隨意把錢借出，貪圖小利，卻失去更多且被倒會，被賴帳之行運則會發生，與人合夥也要帳務清楚，與人聯姻則為財而翻臉亦有之。

若與土姓合夥或聯姻者：無論做什麼事，皆不會被束縛，比較有發揮的空間，可以得到父母長輩的照顧，做事也可以讓上司信賴，也可以讓家人放心，成為被依賴的對象。但不可有依賴別人的現象，與人合夥才不會吃虧，與人聯姻才不會被人看不起亦有之。

若與水姓合夥或聯姻者：行運則會受到關愛及照顧，結交志同道合的好朋友，為人誠懇值得被信賴，故給人極佳的好印象，人際關係良好，不隨便得罪人，吃虧也不會放在心裡，過著沒有是非的清閒日子，與人合夥則信任對方，與人聯姻則落得清閒亦有之。

若與木姓合夥或聯姻者：則是其運勢為次吉也。

賴姓與金姓如下：姓曹。姓伊。姓韶。姓嚴。姓鄧。姓仇。姓戚。姓雍。姓詹。姓施。姓齊。姓康。姓傅。姓邱。

賴姓與火姓如下：姓鄭。姓孟。姓段。姓韓。姓年。姓熊。姓羅。姓尹。姓聶。姓盧。

賴姓與土姓如下：姓薛。姓萬。姓董。姓苗。姓甘。姓卓。姓黃。

賴姓與水姓如下：姓霍。姓雷。姓裴。姓翁。姓龍。姓羿。姓江。姓洪。姓游。姓胡。姓沈。姓汪。姓潘。

賴姓與木姓如下：姓余。姓秦。姓陳。姓米。姓林。姓宋。姓黏。姓梅。姓徐。姓程。姓樂。姓柯。

莊姓

納音五行屬性為土。忌木姓、金姓。喜水姓、火姓。

若與木姓合夥或聯姻者：一生行運最壞、最衰、最敗的年紀則在中年與壯年，要非常小心，以及發生時會讓自己措手不及，尤其是意外事件的發生，也會造成終身的遺憾，至於投資創業時要盡量保守。與人合夥則無法賺錢，與人聯姻則孤寡無助亦有之。

若與金姓合夥或聯姻者：在感情的選擇下，沒有辦法一次就選對人，以二度婚姻相配者為佳，事業也一樣，剛起步的事業則會遭遇挫折連連的行運，如能拿得起放得下，才不會愈陷愈深。與人合夥則會半途而廢，與人聯姻則先同居後結婚亦有之亦有之。

若與水姓合夥或聯姻者：其一生行運最旺及最興盛，並且能成功的年紀會在中年與壯年，要靠平常的認真工作與堅強的毅力，只要時運一到，就可逮住機會，一夕成名亦有之。與人合夥則能設計更精良的產品，與人聯姻則中年開始發跡亦有之。

若與火姓合夥或聯姻者：則要好好的掌握時機，以免讓機會失去，原因在於比較急性子，沉不住氣也，雖為人也好打抱不平，但難免也會無形中得罪於人。壯年之後，個性若有改變，且變得沉穩的話，則有大器晚成之機運，與人合夥則要沉的住氣，與人聯姻自能無憂亦有之。

若與土姓合夥或聯姻者：則是其運勢為次吉也。

莊姓與木姓如下：姓李。姓賴。姓楊。姓柳。姓黎。姓梁。姓穆。

莊姓與金姓如下：姓曹。姓后。姓邵。姓尹。姓伊。姓唐。姓廖。姓謝。姓嚴。姓鄧。姓戚。姓費。姓詹。

莊姓與水姓如下：姓潘。姓汪。姓洪。姓江。姓胡。姓游。姓沈。姓翁。姓雷。姓淩。姓彭。姓岳。姓湯。

莊姓與火姓如下：姓尤。姓毛。姓元。姓許。姓吳。姓歐。姓紀。姓魏。姓甄。姓夏。姓姚。姓狄。

莊姓與土姓如下：姓葛。姓卓。姓黃。姓董。姓苗。姓巫。姓萬。

古姓

納音五行屬性為土。忌木姓、金姓。喜水姓、火姓。

若與木姓合夥或聯姻者：一生行運則容易孤立無助，像一顆毫不起眼的種子，沒人要理，像一棵枯萎的樹木，其運自衰受盡折磨，像一塊朽木自我放棄，很難雕刻且難溝通，與人合夥則無法融洽，與人聯姻則無疾而終亦有之。

若與金姓合夥或聯姻者：則要注意金錢的往來，尤其是做生意的行業，銀樓珠寶業、銀行員，一定要特別注意，以免被倒或被連累，甚至連累家人之行運，與人合夥則要掌權才做，與人聯姻則財務更要分開，才不會被牽連而破產亦有之。

若與水姓合夥或聯姻者：有如魚得水之勢，有勢如破竹之力，有力求上進之心，有心情愉悅之運，有運到福也到之時，更有時機得宜，能及時抓住機會之手腕，故事業財運皆旺之行運。與人合夥則能愉快勝任，與人聯姻則能恩愛至老亦有之。

若與火姓合夥或聯姻者：有如日中天之行運，中年開始發達，老年愈受尊敬，受地方擁戴，熱心公益且喜歡幫助人，君子愛財取之有道。寧要名，不要利，淡財帛。與人合夥則互蒙其利，與人聯姻則聲名遠播亦有之。

若與土姓合夥或聯姻者：則是其運勢為次吉也。

古姓與木姓如下：姓李。姓賴。姓楊。姓柳。姓黎。姓梁。姓穆。

古姓與金姓如下：姓曹。姓后。姓邵。姓尹。姓伊。姓唐。姓廖。姓謝。姓嚴。姓鄧。姓戚。姓費。姓詹。

古姓與水姓如下：姓潘。姓汪。姓洪。姓江。姓胡。姓游。姓沈。姓翁。姓雷。姓凌。姓彭。

姓岳。姓湯。

古姓與火姓如下：姓尤。姓毛。姓元。姓許。姓吳。姓歐。姓紀。姓魏。姓甄。姓夏。姓姚。姓狄。

古姓與土姓如下：姓葛。姓卓。姓黃。姓董。姓苗。姓巫。姓萬。姓薛。姓黃。姓甘。姓蕭。姓范。

岳姓

納音五行屬性為水。忌土姓、木姓。喜火姓、金姓。

若與土姓合夥或聯姻者：一生行運則變化多端，要經歷許多變遷、轉換、遷移、換工作與磨練後，爾後若能徹底覺悟才能對自己的未來，有所幫助且有所改善，否則只會每況愈下，與人合夥只能吃暗虧，與人聯姻則有志難伸亦有之。

若與木姓合夥或聯姻者：一生行運，若想成功、成名且想出人頭地的話，就要有像飛越萬重山的毅力和自信心，才有可能達成，一旦受不了苦或經不起考驗而輕易放棄，則要接受失敗的事實，與人合夥更不例外，與人聯姻更要接受挑戰亦有之。

若與火姓合夥或聯姻者：其人毅力則比一般人強，擇善固執且有不服輸的個性，以及寧缺勿濫的性情，久而久之反而會讓許多人信服，朋友則因了解關係則能更親密且更能信任，與人合夥則有發展的機會，與人聯姻則日久見人心亦有之。

若與金姓合夥或聯姻者：則有比較貴氣的氣質，也比一般人還要幸運，需要人家幫助的時刻，貴人就會出現，想要完成夢想，也會逐一的實現夢想，更有心想事成的運氣，與人合夥總是能化險為夷，與人聯姻更是可以相互扶持亦有之。

若與水姓合夥或聯姻者：則是其運勢為次吉也。

岳姓與土姓如下：姓葛。姓卓。姓黃。姓董。姓苗。姓巫。姓萬。姓蔡。姓藍。姓華。

岳姓與木姓如下：姓李。姓賴。姓楊。姓柳。姓黎。姓梁。姓穆。姓徐。姓陳。姓林。姓朱。

岳姓與火姓如下：姓尤。姓毛。姓元。姓許。姓吳。姓歐。姓紀。姓魏。姓甄。姓夏。姓姚。姓狄。

岳姓與金姓如下：姓曹。姓后。姓邵。姓尹。姓伊。姓唐。姓廖。姓謝。姓嚴。姓鄧。姓戚。姓費。姓詹。

岳姓與水姓如下：姓潘。姓汪。姓洪。姓江。姓胡。姓游。姓沈。

連姓

納音五行屬性為金。忌火姓、水姓。喜木姓、土姓。

若與火姓合夥或聯姻者：一生行運則像多頭馬車，而且一旦衰運時刻，更要注意接二連三的事情發生，讓自己的努力、辛苦、認真得不到應有的代價，財來財去，事業不興之運；與人合夥則有頭無尾，與人聯姻則事故連連亦有之。

若與水姓合夥或聯姻者：則要注意被朋友，親人連累的事件發生，若不急於處理，就有可能把事件擴大，變成遺憾事時，就後悔莫及了，更要注意車禍的意外事故發生。與人合夥則糾紛連連，與人聯姻更是感情糾紛不斷亦有之。

若與木姓合夥或聯姻者：一生行運則比較不用漂泊，事業雖多變遷，但總有滿意的答案，若為工作上班者，也有固定的收入，養家活口則不成問題，只是要比一般人付出、辛苦而已。與人合夥則能漸入佳境，與人聯姻辛苦也有成果亦有之。

若與土姓合夥或聯姻者：則能腳踏實地工作，以及受父母或祖先餘德，讓事業愈做愈有起色，也能靠置產而致富。路也會愈走愈寬，老運也能享福，人口不多，但皆孝順矣！與人合夥則能借助別人力量發揮，與人聯姻則愈走愈順亦有之。

若與金姓合夥或聯姻者：則是其運勢為次吉也。

連姓與火姓如下：姓鄭。姓盛。姓巴。姓武。姓伍。姓韓。姓年。姓盧。姓熊。姓羅。姓聶。姓尹。

連姓與水姓如下：姓凌。姓祝。姓湯。姓汪。姓江。姓洪。姓雷。姓岳。姓彭。姓溫。姓沈。

連姓與木姓如下：姓李。姓宋。姓季。姓林。姓余。姓徐。姓柯。

連姓與土姓如下：姓王。姓卓。姓黃。姓甘。姓董。姓苗。姓巫。姓萬。姓薛。姓葛。

連姓與金姓如下：姓金。姓周。姓呂。姓田。姓吉。姓張。姓高。姓白。姓商。姓簡。姓何。姓方。

葉姓

納音五行屬性為土。忌木姓、金姓。喜水姓、火姓。

若與木姓合夥或聯姻者：其行運則常遭遇秋風掃落葉之運氣，不衰則已，一衰可能跌落谷底，永遠無法翻得了身，以及身體上的疾病也一樣不可輕忽，並要特別注意它。與人合夥更要注意被捲款逃走，與人聯姻則會發生尋人啟事亦有之。

若與金姓合夥或聯姻者：其行運則會像枯葉落地，枯枝無綠葉，孤立無援之行運也，以及防止意外事件及車關，公共場所之災害發生或少年、青年即早夭之行運。與人合夥則要注意公共安全，與人聯姻則要注意婚變亦有之。

若與水姓合夥或聯姻者：其行運雖有無依、無助且無奈之行運發生，但都會逢天降甘霖之運，也有吉人天相的運氣，可以枯樹逢春，綠芽萌開及撥雲見日，讓事業可以回春且財運興盛，與人合夥則能平安順利，與人聯姻則相安無事亦有之。

若與火姓合夥或聯姻者：其人性情樂觀且熱心助人，都會受到許多掌聲，得到許多朋友的支持，事業也會由基礎穩定之後慢慢發展，工作也會相當愉快，財運也有很好的收入。與人合夥則會有貴人助，與人聯姻則會如虎添翼亦有之。

若與土姓合夥或聯姻者：則是其運勢為次吉也。

葉姓與木姓如下：姓李。姓賴。姓楊。姓柳。姓黎。姓梁。姓穆。

葉姓與金姓如下：姓曹。姓后。姓邵。姓尹。姓伊。姓唐。姓廖。姓謝。姓嚴。姓鄧。姓戚。姓費。姓詹。

葉姓與水姓如下：姓潘。姓汪。姓洪。姓江。姓胡。姓游。姓沈。姓翁。姓雷。姓凌。姓彭。姓岳。姓湯。

葉姓與火姓如下：姓尤。姓毛。姓元。姓許。姓吳。姓歐。姓紀。姓魏。姓甄。姓夏。姓姚。姓狄。

葉姓與土姓如下：姓葛。姓卓。姓黃。姓董。姓苗。姓巫。姓萬。姓薛。姓黃。姓甘。姓蕭。姓范。

胡姓

納音五行屬性為水。忌土姓、木姓。喜火姓、金姓。

若與土姓合夥或聯姻者：其個性則會顯現消極或意志力不堅，無法刻苦耐勞，在行為上則會顯露偏激的現象出現，與人相處則像一顆不定時的炸彈，最後搞得眾叛親離之行運。與人合夥也會意見不一，與人聯姻則吵鬧不休亦有之。

若與木姓合夥或聯姻者：其行運則像枯井無水，財運則像沙漠乾枯，想工作也高不成、低不就，掛在半空中，上下不得之行運，只能坐吃山空或怨天尤人而已，故有性情大變之狀況，與人合夥則會疑心病重，與人聯姻則會情緒失控亦有之。

若與火姓合夥或聯姻者：在交友的過程，雖會遭遇許多難以溝通的情況，以及讓誤會延伸，但時間久了，反而因誤會冰釋，成為最好的朋友，有水火交融之運，讓事業發達且財運亨通，與人合夥則皆大歡喜，與人聯姻則水火交融亦有之。

若與金姓合夥或聯姻者：其人則有遠見，對事物的判斷力則比較敏感，有很強的評估能力，若以總務、採買、骨董、珠寶或新興行業者，則能發揮其特長，可以靠其行業致富或成名呢！與人合夥則有好人才相助，與人聯姻對方可成為好幫手亦有之。

若與水姓合夥或聯姻者：則是其運勢為次吉也。

胡姓與土姓如下：姓葛。姓卓。姓黃。姓董。姓苗。姓巫。姓萬。姓蔡。姓藍。姓華。

胡姓與木姓如下：姓李。姓賴。姓楊。姓柳。姓黎。姓梁。姓穆。姓徐。姓陳。姓林。姓朱。

胡姓與火姓如下：姓尤。姓毛。姓元。姓許。姓吳。姓歐。姓紀。姓魏。姓甄。姓夏。姓姚。姓狄。

胡姓與金姓如下：姓曹。姓后。姓邵。姓尹。姓伊。姓唐。姓廖。姓謝。姓嚴。姓鄧。姓戚。姓費。姓詹。

胡姓與水姓如下：姓潘。姓汪。姓洪。姓江。姓胡。姓游。姓沈。

邱姓

納音五行屬性為金。忌火姓、水姓。喜木姓、土姓。

若與火姓合夥或聯姻者：其人行運最差且最衰，最敗的因素則在於金錢、財務上的處理，有可能一夕之間化為烏有。身邊的病疾突然發作，來不及醫治，在事業上一夕之間，轉為他人經手之行運。與人合夥就要特別注意用人，與人聯姻太草率成噩夢亦有之。

若與水姓合夥或聯姻者：其人行運則會常遭遇水深火熱的行運，飽嚐人間冷暖，現實的社會生活，若無法去適應，就註定要失敗，若沒有能屈能伸的身段，就註定被判出局，永無翻身機會，與人合夥則會勾心鬥角，與人聯姻就怕鬧翻天亦有之。

若與木姓合夥或聯姻者：其人行運則要有上進心之人，意志堅定之人，能力好，又能掌時勢之人，才有可能成功，若要致富且立於不敗之地者，則要練就堅強的耐功，不得罪人則有機會也。與人合夥則以大局為重，與人聯姻則要稍微屈就亦有之。

若與土姓合夥或聯姻者：其人之事業基礎則較能踏實、穩定，有細水長流的經營方式，也不會把敵人一次打盡，總會留其顏面與尊嚴，最後總能化敵為友，有錢大家賺的原則不變。與人合夥則能受惠，與人聯姻則能愈老感情愈好亦有之。

若與金姓合夥或聯姻者：則是其運勢為次吉也。

邱姓與火姓如下：姓鄭。姓盛。姓巴。姓武。姓伍。姓韓。姓年。姓盧。姓熊。姓羅。姓聶。姓尹。

邱姓與水姓如下：姓淩。姓祝。姓湯。姓汪。姓江。姓洪。姓雷。姓岳。姓彭。姓溫。姓沈。

邱姓與木姓如下：姓李。姓宋。姓季。姓林。姓余。姓徐。姓柯。

邱姓與土姓如下：姓王。姓卓。姓黃。姓甘。姓董。姓苗。姓巫。姓萬。姓薛。姓葛。

邱姓與金姓如下：姓金。姓周。姓呂。姓田。姓吉。姓張。姓高。姓白。姓商。姓簡。姓何。姓方。

紀姓

納音五行屬性為火。忌水姓、土姓。喜金姓、木姓。

若與水姓合夥或聯姻者：一生則要特別注意感情的糾紛與家庭婚變，以及個性太叛逆，太任性的因素，不但把朋友得罪光了，還把氣發在身邊之人或家裡的親人身上，要改變這種個性才不會惹禍上身，與人合夥才不會反目相向，與人聯姻才不會婚變亦有之。

若與土姓合夥或聯姻者：其人做人處事則要處處約束自己，不可沒本事、沒份量，卻做出自己無法承擔且無法善後的決定，害了別人不說，還要吃上官司，變成過街老鼠，人人喊打的日子矣！與人合夥則會拖累別人，與人聯姻更會拖累家人亦有之。

若與金姓合夥或聯姻者：做人若能約束自己，不衝動且不盲目投資，其人行運自然能得利，尤其是金融業、基金、證券投資，均可得利也，與人合夥也能擴展，與人聯姻可以更上一層樓亦有之。

若與木姓合夥或聯姻者：其人之行運則可以靠自己的智慧及福報，都會有很好及很成功的一面，不用看人臉色辦事，不用攀權貴之緣去拉關係，與人合夥更能發揮其長，與人聯姻更是信心滿滿亦有之。

若與火姓合夥或聯姻者：則是其運勢為次吉也。

紀姓與土姓如下：姓戴。姓蔡。姓莊。姓葉。姓范。姓蘇。姓蔣。姓花。姓蕭。姓蒲。姓藍。姓華。姓苗。

紀姓與水姓如下：姓褚。姓彭。姓岳。姓湯。姓洪。姓江。

紀姓與木姓如下：姓柏。姓宋。姓林。姓陳。姓朱。姓米。姓秦。姓樂。姓黏。姓徐。

紀姓與金姓如下：姓申。姓昌。姓管。姓陶。姓任。姓陸。姓冉。姓竇。姓向。姓白。姓簡。姓張。姓吉。姓周。

紀姓與火姓如下：姓夏。姓姚。姓吳。姓許。姓狄。姓紀。姓姜。姓歐。姓毛。姓尤。

馬姓

納音五行屬性為火。忌水姓、土姓。喜金姓、木姓。

若與水姓合夥或聯姻者：其人之行運則像如履薄冰、寸鐵難存、孤立無助奔勞辛苦之運氣，常因工作或事業，累得喘不過氣來，所得皆不夠本，乃虧錢而做，打腫臉充胖子而已。與人合夥也會因虧損而關閉，與人聯姻則要負擔更重的經濟亦有之。

若與土姓合夥或聯姻者：一生行運則要常勞碌奔波，馬不停蹄的為經濟辛勞，為家庭付出一切，為工作想盡辦法，為了就是要賺錢或想把事業做好，只可惜皆不能如願，與人合夥辛勞付出不說，還要舉債度日，與人聯姻更是勞苦一生亦有之。

若與金姓合夥或聯姻者：除了要避免個性衝動之外，還要收斂脾氣，若做得到，其人際關係自然能增加，其行運才有可能改善，其事業才有起死回生的機會，與人合夥才能增加收入事業穩定，與人聯姻才不會被抱怨連連亦有之。

若與木姓合夥或聯姻者：一生行運則要注意，木馬屠城的劫數大運，若能處理得當或能躲過此關大劫難的話，即能成為大難不死，必有後福之行運也，成為天馬行空之吉運，與人合夥則有不錯的收入，與人聯姻晚婚則佳亦有之。

若與火姓合夥或聯姻者：則是其運勢為次吉也。

馬姓與土姓如下：姓戴。姓蔡。姓莊。姓葉。姓范。姓蘇。姓蔣。姓花。姓蕭。姓蒲。姓藍。姓華。姓苗。

馬姓與水姓如下：姓褚。姓彭。姓岳。姓湯。姓洪。姓江。

馬姓與木姓如下：姓柏。姓宋。姓林。姓陳。姓朱。姓米。姓秦。姓樂。姓黏。姓徐。

馬姓與金姓如下：姓申。姓昌。姓管。姓陶。姓任。姓陸。姓冉。姓竇。姓向。姓白。姓簡。姓張。姓吉。姓周。

馬姓與火姓如下：姓夏。姓姚。姓吳。姓許。姓狄。姓紀。姓姜。姓歐。姓毛。姓尤。

彭姓

納音五行屬性為水。忌土姓、土姓。喜火姓、金姓。

若與土姓合夥或聯姻者：一生行運則會遇上雜亂無章的感情，愈處理就愈複雜，不處理時，也只能放著爛，過著行屍走肉的生活，以及官司纏訟多年的麻煩事，與人合夥也會反目成仇，與人聯姻則要負擔經濟重任亦有之。

若與木姓合夥或聯姻者：與人交友則要小心，以免被朋友出賣及扯後腿，最好不要有利益糾紛或財務借貸問題，以免失財事小，朋友反目對簿公堂之情況發生，造成難以挽回的遺憾，與人合夥則盡量避免，與人聯姻則勿早婚以免婚變亦有之。

若與火姓合夥或聯姻者：其人行運則常被父母、長輩、朋友激勵，而能奮發圖強，把事業慢慢做起來，不負眾望之行運矣！若為公職事業者，也能很快升遷及成家立業，與人合夥也能合作無間，與人聯姻則能受益亦有之。

若與金姓合夥或聯姻者：其人行運則會慢慢進步，若學有一技之長者，則有一鳴驚人之行運，一旦發跡，賺錢的機會則擋都擋不住，也能受人器重，雖平凡，但能平安身退，與人合夥則要慎選，與人聯姻則各自為政亦有之。

若與水姓合夥或聯姻者：則是其運勢為次吉也。

彭姓與土姓如下：姓葛。姓卓。姓黃。姓董。姓苗。姓巫。姓萬。姓蔡。姓藍。姓華。

彭姓與木姓如下：姓李。姓賴。姓楊。姓柳。姓黎。姓梁。姓穆。姓徐。姓陳。姓林。姓朱。

彭姓與火姓如下：姓尤。姓毛。姓元。姓許。姓吳。姓歐。姓紀。姓魏。姓甄。姓夏。姓姚。姓狄。

彭姓與金姓如下：姓曹。姓后。姓邵。姓尹。姓伊。姓唐。姓廖。姓謝。姓嚴。姓鄧。姓戚。姓費。姓詹。

彭姓與水姓如下：姓潘。姓汪。姓洪。姓江。姓胡。姓游。姓沈。

范姓

納音五行屬性為土。忌木姓、金姓。喜水姓、火姓。

若與木姓合夥或聯姻者：其行運則要特別注意身體的病變，防止惡性腫瘤，以及癌症的疾病，或者意外災害之傷害，特別是公共安全或車禍，天然災害的行運矣！與人合夥則要避免，與人聯姻則要防止無疾而終亦有之。

若與金姓合夥或聯姻者：其行運則要特別注意與人財務的往來，投資更要謹慎，以及替人作保或金錢借貸問題，免得招來無謂的麻煩，而血本無歸之行運矣！與人合夥更要小心翼翼，與人聯姻則要相忍為家，以免分離亦有之。

若與水姓合夥或聯姻者：其行運最大的障礙，則是感情問題，處理得宜的話，即能轉變成好朋友，亦是最佳的助力呢！與人聯姻則如魚得水亦有之。

若與火姓合夥或聯姻者：一生最大的災難則是水火之關，其災劫若躲不開，輕者傷殘，重者即可能喪命矣！以及與父母、上司水火不容，意見相左，若能注意不要犯上的話，與人合夥則能賺錢，與人聯姻則無紛爭亦有之。

若與土姓合夥或聯姻者：則是其運勢為次吉也。

范姓與木姓如下：姓李。姓賴。姓楊。姓柳。姓黎。姓梁。姓穆。

范姓與金姓如下：姓曹。姓后。姓邵。姓尹。姓伊。姓唐。姓廖。姓謝。姓嚴。姓鄧。姓戚。姓費。姓詹。

范姓與水姓如下：姓潘。姓汪。姓洪。姓江。姓胡。姓游。姓沈。姓翁。姓雷。姓凌。姓彭。姓岳。姓湯。

范姓與火姓如下：姓尤。姓毛。姓元。姓許。姓吳。姓歐。姓紀。姓魏。姓甄。姓夏。姓姚。姓狄。

范姓與土姓如下：姓葛。姓卓。姓黃。姓董。姓苗。姓巫。姓萬。姓薛。姓黃。姓甘。姓蕭。姓范。

方姓

納音五行屬性為金。忌火姓、水姓。喜木姓、土姓。

若與火姓合夥或聯姻者：其人一生行運則要漂泊難定，事業則十做九不成，又要逢家庭之變故，承受六親，親人遠離之苦，以天涯為家，但若出國苦讀或深造，則不在此限，與人合夥則隨時拆散，與人聯姻則隨時分離亦有之。

若與水姓合夥或聯姻者：其人生之目標則像多頭之馬車，而且意志不堅，什麼行業皆想插一手，不把自己弄得灰頭土臉，絕不承認失敗，久之，則成為敗金或敗家之人，與人合夥則做無謂的投資，與人聯姻則遇三角戀情亦有之。

若與木姓合夥或聯姻者：雖會經歷漂泊，但很快即能穩定下來，事業則能漸有起色，有屬於自己開創出來的行業，尤其是藝術工作者，技能、高科技之行業，則有一展才華的機會也。與人合夥則能愈做愈好，與人聯姻也能藉機攀緣亦有之。

若與土姓合夥或聯姻者：其人一生行運不用漂泊太久，自然會遇貴人提拔，受上司賞識及重用，可以從事自己理想的行業，有名利雙收的機會，也可以靠自己成家立業，與人合夥從事土木或建築則會賺很多錢，與人聯姻也會得到許多支持者亦有之。

若與金姓合夥或聯姻者：則是其運勢為次吉也。

方姓與火姓如下：姓鄭。姓盛。姓巴。姓武。姓伍。姓韓。姓年。姓盧。姓熊。姓羅。姓聶。姓尹。

方姓與水姓如下：姓淩。姓祝。姓湯。姓汪。姓江。姓洪。姓雷。姓岳。姓彭。姓溫。姓沈。

方姓與木姓如下：姓李。姓宋。姓季。姓林。姓余。姓徐。姓柯。

方姓與土姓如下：姓王。姓卓。姓黃。姓甘。姓董。姓苗。姓巫。姓萬。姓薛。姓葛。

方姓與金姓如下：姓金。姓周。姓呂。姓田。姓吉。姓張。姓高。姓白。姓商。姓簡。姓何。姓方。

陳姓

納音五行屬性為木。忌金姓、火姓。喜土姓、水姓。

若與金姓合夥或聯姻者：一生常會遭犯小人被扯後腿，以及樹大招風之災，受人忌妒而害，以及車禍之意外災害，造成手腳殘疾之命矣！事業也會被迫而半途而廢，與人合夥則會遭遇窩裡反，與人聯姻則容易失敗亦有之。

若與火姓合夥或聯姻者：其行運與事業，無論多忙碌，多認真工作，都會遭遇重大的變故，乃至事業倒掉，金錢浪費，變成無底洞的深淵，會有經濟難關出現，與人合夥則一事無成，與人聯姻則引狼入室遭受危害亦有之。

若與土姓合夥或聯姻者：其一生行運則較能風平浪靜，其生活與經濟雖會經歷波折或困難，但都可以克服過去，雖辛苦，但始終可以得到應得的代價，讓事業慢慢成長，讓經濟也能度過，與人合夥更能成長，與人聯姻則先苦後甘亦有之。

若與水姓合夥或聯姻者：則有雨水滋潤的行運，讓枯樹也能逢春及萌芽，讓行運光明顯現，功名有成，事業有成就，工作順心且賺錢容易，可以守得住財業，與人合夥則會成功，與人聯姻則能皆大歡喜亦有之。

若與木姓合夥或聯姻者：則是其運勢為次吉也。

陳姓與金姓如下：姓曹。姓伊。姓韶。姓嚴。姓鄧。姓仇。姓戚。姓雍。姓詹。姓施。姓齊。姓康。姓傅。姓邱。

陳姓與火姓如下：姓鄭。姓孟。姓段。姓韓。姓年。姓熊。姓羅。姓尹。姓聶。姓盧。

陳姓與土姓如下：姓薛。姓萬。姓董。姓苗。姓甘。姓卓。姓黃。

陳姓與水姓如下：姓霍。姓雷。姓裴。姓翁。姓龍。姓羿。姓江。姓洪。姓游。姓胡。姓沈。姓汪。姓潘。

陳姓與木姓如下：姓余。姓秦。姓陳。姓米。姓林。姓宋。姓黏。姓梅。姓徐。姓程。姓樂。姓柯。

江姓

納音五行屬性為水。忌土姓、木姓。喜火姓、金姓。

若與土姓合夥或聯姻者：其人一生之行運則常要替人打天下，或揹黑鍋之行運，以及被誤解，故是非口舌，以及感情之波折最多，也最容易遇上，並且守財不易，變賣家產矣！與人合夥則要防止受騙，與人聯姻則有家庭變故事件亦有之。

若與木姓合夥或聯姻者：一生行運則要為財務奔波，常為經濟而煩惱，以及投資一去不回，破財被騙之運氣。雖也有風光一時，但好景不常，表面好看而已，內心煎熬之苦，與人合夥則夜長夢多，與人聯姻則同床異夢亦有之。

若與火姓合夥或聯姻者：雖具有叛逆之個性，與父母、長輩處得不是很好，但卻是一位做生意的人才，以及推銷業務之高手，若能把驕氣或傲氣收斂的話，其事業一定可以發展矣！與人合夥則不要堅持己見，與人聯姻則不要太固執亦有之。

若與金姓合夥或聯姻者：其人則會顯現和氣待人，以及平易近人，受到許多人的喜愛，故異性之追求者則會很多，人際關係更是特別好，會幫助其人許多事，辦事則容易，與人合夥更能發揮所長，與人聯姻則可以子孫滿堂亦有之。

若與水姓合夥或聯姻者：則是其運勢為次吉也。

江姓與土姓如下：姓葛。姓卓。姓黃。姓董。姓苗。姓巫。姓萬。姓蔡。姓藍。姓華。

江姓與木姓如下：姓李。姓賴。姓楊。姓柳。姓黎。姓梁。姓穆。姓徐。姓陳。姓林。姓朱。

江姓與火姓如下：姓尤。姓毛。姓元。姓許。姓吳。姓歐。姓紀。姓魏。姓甄。姓夏。姓姚。姓狄。

江姓與金姓如下：姓曹。姓后。姓邵。姓尹。姓伊。姓唐。姓廖。姓謝。姓嚴。姓鄧。姓戚。姓費。姓詹。

江姓與水姓如下：姓潘。姓汪。姓洪。姓江。姓胡。姓游。姓沈。

施姓

納音五行屬性為金。忌火姓、水姓。喜木姓、土姓。

若與火姓合夥或聯姻者：則要注意得失心不要看太重，若把得失心看得太重，反而會有患得患失，或魚與熊掌不能兩兼，而且相當心煩，心慌意亂的過日子，與人合夥也不能有所兼顧，與人聯姻也常吵鬧不休亦有之。

若與水姓合夥或聯姻者：則要特別慎選異性朋友，以及結合家庭的另一半，更是要慎選，千萬不要衝動就結婚，否則會帶來日後的家庭革命，避免桃花劫難來破敗家庭、婚姻。與人合夥也要注意感情問題，與人聯姻則要防止婚變亦有之。

若與木姓合夥或聯姻者：則會出現堅強的意志力，超強的上進心與企圖心。有雄心壯志，無論求學過程及工作或自己創業都有恆心，不達目的絕不罷手，更可以白手成家立業也。與人合夥可以讓生意更好，與人聯姻更可以改善經濟亦有之。

若與土姓合夥或聯姻者：一生行運雖有起伏或小波折，但都可以化解，只要認真做事，憑其才華與智慧，可以把該做的事做好且辦好，也是一個卓越的領導人才，置產、投資皆適宜，與人合夥土地、建築業則能大發，與人聯姻財富也會增加亦有之。

若與金姓合夥或聯姻者：則是其運勢為次吉也。

施姓與火姓如下：姓鄭。姓盛。姓巴。姓武。姓伍。姓韓。姓年。姓盧。姓熊。姓羅。姓聶。姓尹。

施姓與水姓如下：姓凌。姓祝。姓湯。姓汪。姓江。姓洪。姓雷。姓岳。姓彭。姓溫。姓沈。

施姓與木姓如下：姓李。姓宋。姓季。姓林。姓余。姓徐。姓柯。

施姓與土姓如下：姓王。姓卓。姓黃。姓甘。姓董。姓苗。姓巫。姓萬。姓薛。姓葛。

施姓與金姓如下：姓金。姓周。姓呂。姓田。姓吉。姓張。姓高。姓白。姓商。姓簡。姓何。姓方。

董姓

納音五行屬性為土。忌木姓、金姓。喜水姓、火姓。

若與木姓合夥或聯姻者：一生行運則常要感嘆，人生若能重來絕不怎麼！也就是說：常做後悔的事，讓自己的事業、財運、工作、家庭破敗，故應多修福及學智慧，以免重蹈覆轍，與人合夥則無法同心，與人聯姻則要注意婚變亦有之。

若與金姓合夥或聯姻者：則要過著擔心受怕的日子，擔心經濟來源，深深受怕債務催討的糾紛或報復，以及家人被恐嚇或被騙金錢，還有借貸不還的情況發生，讓人生充滿無奈，與人合夥也會被坑，與人聯姻只增加壓力亦有之。

若與水姓合夥或聯姻者：一生對感情的意志力要堅定，否則就怕因感情生變而影響心情，影響工作與事業，在智慧福修方面若能加強，則可以化險為夷，化凶為吉之行運，與人合夥才能安心做事，與人聯姻才會忠於家庭亦有之。

若與火姓合夥或聯姻者：一生雖會有遭遇重大挫敗，但會出現奇蹟而浴火重生，雖然一時迷失，走錯人生方向，但有著可以知錯必改的勇氣，讓人另眼相待，轉變成人人歡迎之人物矣！與人合夥則由誤會變理解，與人聯姻則能被家人原諒亦有之。

若與土姓合夥或聯姻者：則是其運勢為次吉也。

董姓與木姓如下：姓李。姓賴。姓楊。姓柳。姓黎。姓梁。姓穆。

董姓與金姓如下：姓曹。姓后。姓邵。姓尹。姓伊。姓唐。姓廖。姓謝。姓嚴。姓鄧。姓戚。姓費。姓詹。

董姓與水姓如下：姓潘。姓汪。姓洪。姓江。姓胡。姓游。姓沈。姓翁。姓雷。姓凌。姓彭。姓岳。姓湯。

董姓與火姓如下：姓尤。姓毛。姓元。姓許。姓吳。姓歐。姓紀。姓魏。姓甄。姓夏。姓姚。姓狄。

董姓與土姓如下：姓葛。姓卓。姓黃。姓董。姓苗。姓巫。姓萬。姓薛。姓黃。姓甘。姓蕭。姓范。

韓姓

納音五行屬性為火。忌水姓、土姓。喜金姓、木姓。

若與水姓合夥或聯姻者：一生行運則會遭遇鬥爭不斷，並且是非挫折不斷或干戈連連之運，還要看人臉色做事，有著講義氣以及好管閒事的個性，才會招來上述之厄運，與人合夥則無法同心協力，與人聯姻則與家人決裂亦有之。

若與土姓合夥或聯姻者：則要注意地盤的利益糾紛，還有與人爭地盤或事業上的惡性競爭，以及不擇手段所得，而傷害周邊的朋友，乃至親人造成遺憾終身的陰影，與人合夥則爭鬥不斷，與人聯姻則不斷爭吵亦有之。

若與金姓合夥或聯姻者：則能好好保護自己的家人與事業，也能與同事好好相處，工作亦能勝任且愉快。私底下則是比較保守的個性，小投資或小型企業及小生意均可。與人合夥也是小額投資，與人聯姻則顧家愛面子亦有之。

若與木姓合夥或聯姻者：其人外交手腕極佳，若做貿易生意或公關行業，又或者是外交官員的話，則更可以勝任有餘，也可以做招標工程，擴展自己的事業版圖，名利雙收之運，與人合夥也能合作愉快，與人聯姻也有極之運亦有之。

若與火姓合夥或聯姻者：則是其運勢為次吉也。

韓姓與土姓如下：姓戴。姓蔡。姓莊。姓葉。姓范。姓蘇。姓蔣。姓花。姓蕭。姓蒲。姓藍。姓華。姓苗。

韓姓與水姓如下：姓褚。姓彭。姓岳。姓湯。姓洪。姓江。

韓姓與木姓如下：姓柏。姓宋。姓林。姓陳。姓朱。姓米。姓秦。姓樂。姓黏。姓徐。

韓姓與金姓如下：姓申。姓昌。姓管。姓陶。姓任。姓陸。姓冉。姓竇。姓向。姓白。姓簡。姓張。姓吉。姓周。

韓姓與火姓如下：姓夏。姓姚。姓吳。姓許。姓狄。姓紀。姓姜。姓歐。姓毛。姓尤。

許姓

納音五行屬性為火。忌水姓、土姓。喜金姓、木姓。

若與水姓合夥或聯姻者：則要注意被子女忤逆、屬下連累、朋友出賣、親人背叛之行運，故一言一行都要謹言慎行，做不到的事千萬別隨口答應，也不可隨便承諾，尤其是感情方面，與人合夥則別亂承諾，與人聯姻則要注意背叛亦有之。

若與土姓合夥或聯姻者：一生行運則要注意，休要隨口而出，以免得罪於人，行業若是律師、法官則例外且不在此限，行業若以講師或生意人及推銷員者，則要加強語言訓練，與人合夥才不會招惹是非，與人聯姻才不會吵鬧亦有之。

若與金姓合夥或聯姻者：則比較理性，自己做不到的，絕不會輕易開口，也不會隨便承諾於人，故其一生行運則比較平順，事業也能步步穩定，可以賺的到錢。信守承諾之事，也一定會完成，與人合夥則可平順，與人聯姻則相當幸福亦有之。

若與木姓合夥或聯姻者：則較有刻苦耐勞的個性，可以把鐵杵磨成繡花針，吃人不能吃之苦，堅忍不拔的毅力，恆心更能招引許多人力、物質，同心協力並且把事業辦得有聲有色，與人合夥則受人尊重，與人聯姻則像倒吃甘蔗亦有之。

若與火姓合夥或聯姻者：則是其運勢為次吉也。

許姓與土姓如下：姓戴。姓蔡。姓莊。姓葉。姓范。姓蘇。姓蔣。姓花。姓蕭。姓蒲。姓藍。姓華。姓苗。

許姓與水姓如下：姓褚。姓彭。姓岳。姓湯。姓洪。姓江。

許姓與木姓如下：姓柏。姓宋。姓林。姓陳。姓朱。姓米。姓秦。姓樂。姓黏。姓徐。

許姓與金姓如下：姓申。姓昌。姓管。姓陶。姓任。姓陸。姓冉。姓竇。姓向。姓白。姓簡。姓張。姓吉。姓周。

許姓與火姓如下：姓夏。姓姚。姓吳。姓許。姓狄。姓紀。姓姜。姓歐。姓毛。姓尤。

余姓

納音五行屬性為木。忌金姓、火姓。喜土姓、水姓。

若與金姓合夥或聯姻者：其人一生得為經濟煩惱，為錢財苦思，為錢財所困，甚至翻不了身，原因則在於溺愛子女，寵壞家人，乃至為此背負一身債務，變成窮苦潦倒之生活，與人合夥則需動用公款，與人聯姻則為其所害亦有之。

若與火姓合夥或聯姻者：一生行運則有孤立無助，或老運孤獨之行運，總是喜歡獨來獨往，有著比較主觀的意識，可惜自己看不清自己，又不願接受朋友之意見，甚至為愛，把朋友及家人全都得罪。與人合夥又不成氣候，與人聯姻更成不了大器亦有之。

若與土姓合夥或聯姻者：一生則有難得糊塗的觀念，故對事情的看法則比較客觀，也比較看得開，凡事不與人計較且守本分，很能照顧自己與家人，也很惜緣、惜福，因而人際關係很好，與人合夥雙方都能滿意，與人聯姻則能相互信任亦有之。

若與水姓合夥或聯姻者：一生行運自然能過著愉快，並且無憂的生活，得以豐衣足食，財運延綿不斷，是別人眼中羨慕的人，待人和氣且很有人緣，也很有才華，與人合夥則完全信任，與人聯姻則羨煞許多人亦有之。

若與木姓合夥或聯姻者：則是其運勢為次吉也。

余姓與金姓如下：姓曹。姓伊。姓韶。姓嚴。姓鄧。姓仇。姓戚。姓雍。姓詹。姓施。姓齊。姓康。姓傅。姓邱。

余姓與火姓如下：姓鄭。姓孟。姓段。姓韓。姓年。姓熊。姓羅。姓尹。姓聶。姓盧。

余姓與土姓如下：姓薛。姓萬。姓董。姓苗。姓甘。姓卓。姓黃。

余姓與水姓如下：姓霍。姓雷。姓裴。姓翁。姓龍。姓羿。姓江。姓洪。姓游。姓胡。姓沈。姓汪。姓潘。

余姓與木姓如下：姓余。姓秦。姓陳。姓米。姓林。姓宋。姓黏。姓梅。姓徐。姓程。姓樂。姓柯。

蘇姓

納音五行屬性為土。忌木姓、金姓。喜水姓、火姓。

若與木姓合夥或聯姻者：則會常遭遇惡人欺侮與小人陷害，橫禍、無妄之災降臨或被連累，以及打官司之行運也。事業也會因此做不起來，還要蒙受不白之冤，與人合夥更是誤會連連，與人聯姻則百病臨身亦有之。

若與金姓合夥或聯姻者：則要注意成功得意之時，染上惡習，遊走八大行業，棄家庭於不顧，甚至不聽善意的勸告，喜歡聽好話，乃至交友不慎，對朋友比對親人還要好，與人合夥則被倒帳，與人聯姻寧願相信外人亦有之。

若與水姓合夥或聯姻者：其人一生行運，就像魚兒有水，有魚躍龍門之勢，只要一朝得運，受人提拔時，一發即能發大運，名利雙收，受萬人尊敬之領導格，乃至從政為官之行運矣，與人合夥則主顧關係良好，與人聯姻正是如魚得水之運亦有之。

若與火姓合夥或聯姻者：其人性情則喜歡熱心公益，待人誠懇，喜歡學習，故有很好的上進心，與向上進取之志氣，從小就立志要做大事，想要為民服務，若為從政者，則必是好官也。與人合夥則不拘小節，與人聯姻則負責體貼亦有之。

若與土姓合夥或聯姻者：則是其運勢為次吉也。

蘇姓與木姓如下：姓李。姓賴。姓楊。姓柳。姓黎。姓梁。姓穆。

蘇姓與金姓如下：姓曹。姓后。姓邵。姓尹。姓伊。姓唐。姓廖。姓謝。姓嚴。姓鄧。姓戚。姓費。姓詹。

蘇姓與水姓如下：姓潘。姓汪。姓洪。姓江。姓胡。姓游。姓沈。姓翁。姓雷。姓凌。姓彭。姓岳。姓湯。

蘇姓與火姓如下：姓尤。姓毛。姓元。姓許。姓吳。姓歐。姓紀。姓魏。姓甄。姓夏。姓姚。姓狄。

蘇姓與土姓如下：姓葛。姓卓。姓黃。姓董。姓苗。姓巫。姓萬。姓薛。姓黃。姓甘。姓蕭。姓范。

朱　姓

納音五行屬性為木。忌金姓、火姓。喜土姓、水姓。

若與金姓合夥或聯姻者：則要注意，有朝一日，金碧輝煌之運來時，就要更低調，不可仗勢欺人、目中無人、得意忘形、自以為是。等到衰運一但交替時，則會受萬人唾棄，留下惡名也。與人合夥則不要斤斤計較，與人聯姻則靠攀緣而起亦有之。

若與火姓合夥或聯姻者：做人處事則要處處小心，不可隨意輕浮對待異性，否則可能惹火上身，也不要隨意挑釁別人，或情敵，或競爭者，或看不慣之人，以免惹禍上身，與人合夥也不要貪小便宜，與人聯姻更要老實，以免被背叛亦有之。

若與土姓合夥或聯姻者：其人性情則較隨性，不會隨意得罪人，故一生小人較少，看在眼裡，但不隨意表達或做批評，則是成功不二法則，能與各種人交往，也願意嘗試新的行業，與人合夥總是客觀看待，與人聯姻更是極有品味亦有之。

若與水姓合夥或聯姻者：則會訓練出伶俐的口才，說服力很強的性情，很快就能成名獲利，若為演藝界或大眾媒體之相關行業者，一定很快就能走紅，而且受人歡迎。與人合夥則能帶動經濟，與人聯姻則夫唱婦隨亦有之。

若與木姓合夥或聯姻者：則是其運勢為次吉也。

朱姓與金姓如下：姓曹。姓伊。姓韶。姓嚴。姓鄧。姓仇。姓戚。姓雍。姓詹。姓施。姓齊。
姓康。姓傅。姓邱。

朱姓與火姓如下：姓鄭。姓孟。姓段。姓韓。姓年。姓熊。姓羅。姓尹。姓聶。姓盧。

朱姓與土姓如下：姓薛。姓萬。姓董。姓苗。姓甘。姓卓。姓黃。

朱姓與水姓如下：姓霍。姓雷。姓裴。姓翁。姓龍。姓羿。姓江。姓洪。姓游。姓胡。姓沈。姓汪。姓潘。

朱姓與木姓如下：姓余。姓秦。姓陳。姓米。姓林。姓宋。姓黏。姓梅。姓徐。姓程。姓樂。姓柯。

姜　姓

納音五行屬性為火。忌水姓、土姓。喜金姓、木姓。

若與水姓合夥或聯姻者：行運則要像分身術，可惜終究是分身乏術，兩邊皆要照顧，被依賴成性，最後轉變成蠟燭兩頭燒之行運，若為男子則勞碌終身，若為女子則成婢女之格，與人合夥又多一份勞碌，與人聯姻又多一份勞心亦有之。

若與土姓合夥或聯姻者：行運則遷換，工作不穩定，事業變換多次，離鄉背井，獨立行事打拼，但易遭小人忌妒與陷害，故行事應低調，不可鋒芒太露，以免被打壓。與人合夥則要多一份勞累，與人聯姻則要多一份付出亦有之。

若與金姓合夥或聯姻者：若為男子，則有金童討人喜歡之性格，若為女子則有玉女清純貴氣之格，男有將才抱負可以實現，女有淑女溫文賢慧。可以幫夫助家之能，與人合夥則成造勢，與人聯姻則成金童玉女之配亦有之。

若與木姓合夥或聯姻者：若為男子，則立志發奮圖強，若為女子，則為女強人，在企業界能佔一席之位，男的有威嚴之相，女的有母儀天下之相，事業皆可歷久不衰，與人合夥則有助於事業發展，與人聯姻則有倍增實力亦有之。

若與火姓合夥或聯姻者：則是其運勢為次吉也。

姜姓與土姓如下：姓戴。姓蔡。姓莊。姓葉。姓范。姓蘇。姓蔣。姓花。姓蕭。姓蒲。姓藍。姓華。姓苗。

姜姓與水姓如下：姓褚。姓彭。姓岳。姓湯。姓洪。姓江。

姜姓與木姓如下：姓柏。姓宋。姓林。姓陳。姓朱。姓米。姓秦。姓樂。姓黏。姓徐。

姜姓與金姓如下：姓申。姓昌。姓管。姓陶。姓任。姓陸。姓冉。姓竇。姓向。姓白。姓簡。姓張。姓吉。姓周。

姜姓與火姓如下：姓夏。姓姚。姓吳。姓許。姓狄。姓紀。姓姜。姓歐。姓毛。姓尤。

蔣姓

納音五行屬性為土。忌木姓、金姓。喜水姓、火姓。

若與木姓合夥或聯姻者：則要注意家庭或感情，有第三者的介入，若躲不掉，就會造成家庭革命，以及感情的糾紛，讓自己的事業受到嚴重的打擊，再者，可能身敗名裂之運也，與人合夥則避免感情糾紛，與人聯姻則要防止婚變亦有之。

若與金姓合夥或聯姻者：雖能功成名就，且能為家光宗耀門，為國家爭榮譽，但好景不常，暗地有人搞破壞，扯後腿，表面稱兄道弟，姊妹情深，背地則是盡搞小動作，與人合夥也是如此，與人聯姻則被挑撥而分離者亦有之。

若與水姓合夥或聯姻者：則有風情萬種的英姿，有不少的朋友照顧、相挺與支持者，若能從商則有發揮的空間，能賺錢致富，若能從政則會一躍而成為優秀的政治家。與人合夥則領導對方，與人聯姻則想盡其利亦有之。

若與火姓合夥或聯姻者：對前途、對事業都有獨到，且與人不同的見解與眼光，從事政治活動則很有發揮空間，從事企業的話，更有與眾不同的做法，逆向操作的性情，與人合夥能讓事業起死回生，與人聯姻則三妻四妾亦有之。

若與土姓合夥或聯姻者：則是其運勢為次吉也。

蔣姓與木姓如下：姓李。姓賴。姓楊。姓柳。姓黎。姓梁。姓穆。

蔣姓與金姓如下：姓曹。姓后。姓邵。姓尹。姓伊。姓唐。姓廖。姓謝。姓嚴。姓鄧。姓戚。

蔣姓與水姓如下：姓潘。姓汪。姓洪。姓江。姓胡。姓游。姓沈。姓翁。姓雷。姓凌。姓彭。姓費。姓詹。姓岳。姓湯。

蔣姓與火姓如下：姓尤。姓毛。姓元。姓許。姓吳。姓歐。姓紀。姓魏。姓甄。姓夏。姓姚。姓狄。

蔣姓與土姓如下：姓葛。姓卓。姓黃。姓董。姓苗。姓巫。姓萬。姓薛。姓黃。姓甘。姓蕭。姓范。

楊姓

納音五行屬性為木。忌金姓、火姓。喜土姓、水姓。

若與金姓合夥或聯姻者：乃為表面好看，實地凌亂不堪之象也，身體也是如此，中看不中用，經濟、事業更是如此，挖東牆補西牆過日，又惜無貴人助、硬撐，終究抵擋不住，與人合夥要注意公款的用處，與人聯姻則同床異夢亦有之。

若與火姓合夥或聯姻者：一生行運則很難掌控實權，皆要聽令行事，就算出了事情，也要去做人頭頂替，好不容易升官，也管不住屬下，更管不了子女，與人合夥則吃盡苦頭，與人聯姻則吃苦像吃補亦有之。

若與土姓合夥或聯姻者：則比較有被重視，備受寵愛的感覺，會被人捧在手心，但這並不是很好的現象，切記！以免養成嬌生慣養的性情，而影響老運呢！與人合夥則不要盡聽好話，與人聯姻更要好好溝通，以免誤會亦有之。

若與水姓合夥或聯姻者：一生行運苦行衰時，總會遇上甘霖普降，就是特別的幸運，遭遇災難或意外發生時，都是一樣的幸運，只有虛驚一場而已。傻人有傻福，天公仔也。與人合夥也能意外賺錢，與人聯姻則愈老運愈好亦有之。

若與木姓合夥或聯姻者：則是其運勢為次吉也。

楊姓與金姓如下：姓曹。姓伊。姓韶。姓嚴。姓鄧。姓仇。姓戚。姓雍。姓詹。姓施。姓齊。姓康。姓傅。姓邱。

楊姓與火姓如下：姓鄭。姓孟。姓段。姓韓。姓年。姓熊。姓羅。姓尹。姓聶。姓盧。

楊姓與土姓如下：姓薛。姓萬。姓董。姓苗。姓甘。姓卓。姓黃。

楊姓與水姓如下：姓霍。姓雷。姓裴。姓翁。姓龍。姓羿。姓江。姓洪。姓游。姓胡。姓沈。姓汪。姓潘。

楊姓與木姓如下：姓余。姓秦。姓陳。姓米。姓林。姓宋。姓黏。姓梅。姓徐。姓程。姓樂。姓柯。

歐姓

納音五行屬性為火。忌水姓、土姓。喜金姓、木姓。

若與水姓合夥或聯姻者：一生行運則要離鄉背井，與親人無緣，與家人總是聚少離多之象，要歷經許多次的生離死別，雖很努力，但卻不一定會成功，最忌借錢給親友，以免討不回來，與人合夥也是如此，與人聯姻更是聚少離多亦有之。

若與土姓合夥或聯姻者：一生行運則漂泊無定、貪玩，孩子氣的性情，故常把事情弄砸掉，得罪許多人，若不能改掉任性又壞脾氣的話，親朋好友只好愈走愈遠，乃老運孤獨也，與人合夥則難長久，與人聯姻也是如此亦有之。

若與金姓合夥或聯姻者：則會練就一身好的氣質與外在，修養很好，口德極佳，能言善道，可以藉以經營事業或者商務，服務業之訓練人才或行銷人才，均可發揮所長，與人合夥則能長治久安，與人聯姻則備受照顧亦有之。

若與木姓合夥或聯姻者：在溝通方面則較主觀，一旦決定的事，就很難亦不想去改變它，凡事都要親自監督，親自動手才放心，行運雖佳，但卻是個勞碌命之人矣！與人合夥亦是如此，與人聯姻更是處處小心亦有之。

若與火姓合夥或聯姻者：則是其運勢為次吉也。

歐姓與土姓如下：姓戴。姓蔡。姓莊。姓葉。姓范。姓蘇。姓蔣。姓花。姓蕭。姓蒲。姓藍。姓華。姓苗。

歐姓與水姓如下：姓褚。姓彭。姓岳。姓湯。姓洪。姓江。

歐姓與木姓如下：姓柏。姓宋。姓林。姓陳。姓朱。姓米。姓秦。姓樂。姓黏。姓徐。

歐姓與金姓如下：姓申。姓昌。姓管。姓陶。姓任。姓陸。姓冉。姓竇。姓向。姓白。姓簡。姓張。姓吉。姓周。

歐姓與火姓如下：姓夏。姓姚。姓吳。姓許。姓狄。姓紀。姓姜。姓歐。姓毛。姓尤。

巫姓

納音五行屬性為土。忌木姓、金姓。喜水姓、火姓。

若與木姓合夥或聯姻者：一生行業則以哪一種工作，做什麼事業，與什麼人交友，來決定其吉凶，若為木業，則要辛勞一輩子，若為公務員，則小康之家。若為商人，則要賠錢，與人合夥更是吃虧連連，與人聯姻則各做各的亦有之。

若與金姓合夥或聯姻者：其行運最大的問題則是金錢關，無論財務，資金調動，都會被卡死，很難發揮其所長，以及被人吊胃口，身不由己或被刁難，處處看人臉色行事，與人合夥會被併吞，與人聯姻更是愛莫能助亦有之。

若與水姓合夥或聯姻者：一生行運則會結交好友，以及肯用功讀書，做事也用心，與人為友肯為朋友付出，講義氣，有著認真積極的態度，故而能把工作做好，能把事業做得出色，與人合夥則有互補作用。與人聯姻則能合作無間亦有之。

若與火姓合夥或聯姻者：則有活力、精力及無窮的體力，有正面積極的態度，遭遇挫折或失敗時，也不會怨天尤人，知錯則必改的性情，故其一生行運則很快即能成功，學習事物也可以很快進入狀況，與人合夥則以學習精神相待，與人聯姻則必誠懇待之亦有之。

若與土姓合夥或聯姻者：則是其運勢為次吉也。

巫姓與木姓如下：姓李。姓賴。姓楊。姓柳。姓黎。姓梁。姓穆。

巫姓與金姓如下：姓曹。姓后。姓邵。姓尹。姓伊。姓唐。姓廖。姓謝。姓嚴。姓鄧。姓戚。姓費。姓詹。

巫姓與水姓如下：姓潘。姓汪。姓洪。姓江。姓胡。姓游。姓沈。姓翁。姓雷。姓淩。姓彭。姓岳。姓湯。

巫姓與火姓如下：姓尤。姓毛。姓元。姓許。姓吳。姓歐。姓紀。姓魏。姓甄。姓夏。姓姚。姓狄。

巫姓與土姓如下：姓葛。姓卓。姓黃。姓董。姓苗。姓巫。姓萬。姓薛。姓黃。姓甘。姓蕭。

姓范。

游姓

納音五行屬性為水。忌土姓、木姓。喜火姓、金姓。

若與土姓合夥或聯姻者：就要注意，在感情與異性相處時，要分清楚，界線畫分，才不會因而惹上麻煩，鬧得不可收拾時，才來後悔。故事業、感情、婚姻、金錢都不可以兩兼顧，與人合夥更是如此，與人聯姻更要注意，以免發生悲劇亦有之。

若與木姓合夥或聯姻者：其人之行運則會遇上，付出比回收多好幾倍，專做賠本生意，也常嘆付出還不被感謝，嚴重的話，還要招來麻煩，以及許多是非口舌，守財更是不易之行運。與人合夥則要保守一些，與人聯姻則要注意禮儀，太隨便就會出問題亦有之。

若與火姓合夥或聯姻者：在人生的際遇上，雖會遇上許多爭名奪利，相爭不下之事件發生，以及派系之利益糾紛，故行事應謹言慎行，以免被人利用。事業才能發展，財富才能守得住，與人合夥則可以發揮所長，與人聯姻則可相互依賴亦有之。

若與金姓合夥或聯姻者：一生行運則能處處被呵護，能享受幸福人生，也有許多好友，貴人相助，讓自己的事業加分，但得收斂眼光過高，嬌生慣養的個性才行，才不會在衰運時，自己承受不住。與人合夥才能無事，與人聯姻才不會日久生厭亦有之。

若與水姓合夥或聯姻者：則是其運勢為次吉也。

游姓與土姓如下：姓葛。姓卓。姓黃。姓董。姓苗。姓巫。姓萬。姓蔡。姓藍。姓華。

游姓與木姓如下：姓李。姓賴。姓楊。姓柳。姓黎。姓梁。姓穆。姓徐。姓陳。姓林。姓朱。

游姓與火姓如下：姓尤。姓毛。姓元。姓許。姓吳。姓歐。姓紀。姓魏。姓甄。姓夏。姓姚。姓狄。

游姓與金姓如下：姓曹。姓后。姓邵。姓尹。姓伊。姓唐。姓廖。姓謝。姓嚴。姓鄧。姓戚。姓費。姓詹。

游姓與水姓如下：姓潘。姓汪。姓洪。姓江。姓胡。姓游。姓沈。

溫姓

納音五行屬性為水。忌土姓、木姓。喜火姓、金姓。

若與土姓合夥或聯姻者：一生行運之吉凶，起伏比較大，就看個人修養與脾氣來決定，若修養與脾氣皆不好者，乃最為明顯也。若自認為修養與脾氣皆佳者，也要防止溫室效應，與人合夥則大好大壞，與人聯姻情感則忽冷忽熱亦有之。

若與木姓合夥或聯姻者：則要注意家庭的變故，以及身體疾病，就怕突然發作，讓人措手不及呢！身體的肝臟、筋骨、腎臟的毛病則要特別保養，避免因小病不醫治。與人合夥更要注意身體，與人聯姻更注意心臟病亦有之。

若與火姓合夥或聯姻者：一生行運則要好好把握時機，一旦時機對了，就不要猶豫不決，以免機會失去時，才要再追趕，這樣只會更累而已。若能把握住，事業則有發展空間，與人合夥則能賺錢，與人聯姻才不會自哀自憐亦有之。

若與金姓合夥或聯姻者：一生行運則會充滿溫暖，自然會知足常樂，也會遇上許多貴人，讓自己覺得很幸福且很幸運，在感情與姻緣上也會比較順遂，事業與財運也比別人好許多。與人合夥也可以順利，與人聯姻則能相安無事亦有之。

若與水姓合夥或聯姻者：則是其運勢為次吉也。

溫姓與土姓如下：姓葛。姓卓。姓黃。姓董。姓苗。姓巫。姓萬。姓蔡。姓藍。姓華。

溫姓與木姓如下：姓李。姓賴。姓楊。姓柳。姓黎。姓梁。姓穆。姓徐。姓陳。姓林。姓朱。

溫姓與火姓如下：姓尤。姓毛。姓元。姓許。姓吳。姓歐。姓紀。姓魏。姓甄。姓夏。姓姚。姓狄。

溫姓與金姓如下：姓曹。姓后。姓邵。姓尹。姓伊。姓唐。姓廖。姓謝。姓嚴。姓鄧。姓戚。姓費。姓詹。

溫姓與水姓如下：姓潘。姓汪。姓洪。姓江。姓胡。姓游。姓沈。

郭姓

納音五行屬性為金。忌火姓、水姓。喜木姓、土姓。

若與火姓合夥或聯姻者：一生行運若職業選錯，做錯事業或不對的生意，則很難有很好的行運，若以警察、軍人、公務員或演藝人員則有發展的空間，其他的行業不但辛苦且勞累。與人合夥更是如此，與人聯姻則更勞累辛苦亦有之。

若與水姓合夥或聯姻者：一生行運的好壞與吉凶，乃與自身個性有關，個性圓融或溫和一點的，則比較有發展的空間，但切勿染上惡習，以及涉入八大行業，以免招惹是非也。與人合夥更是如此，與人聯姻才能相安無事亦有之。

若與木姓合夥或聯姻者：其人職業、事業，若為高科技產業之相關者，則有相當大的發展空間，以及能把握時機，為自己創造許多財富，乃至創造自己的王國，能名利雙收也。與人合夥則能帶動士氣，與人聯姻更能創造財富亦有之。

若與土姓合夥或聯姻者：其人之行運則比較保守，喜歡安份守己過日，不與人爭的脾氣與性情，朋友特別多，能擁有子孫滿堂、豐衣足食、含飴弄孫的生活世界。與人合夥也只是小投資，與人聯姻則喜歡熱鬧，乃至大家庭亦有之。

若與金姓合夥或聯姻者：則是其運勢為次吉也。

郭姓與火姓如下：姓鄭。姓盛。姓巴。姓武。姓伍。姓韓。姓年。姓盧。姓熊。姓羅。姓聶。姓尹。

郭姓與水姓如下：姓淩。姓祝。姓湯。姓汪。姓江。姓洪。姓雷。姓岳。姓彭。姓溫。姓沈。

郭姓與木姓如下：姓李。姓宋。姓季。姓林。姓佘。姓徐。姓柯。

郭姓與土姓如下：姓王。姓卓。姓黃。姓甘。姓董。姓苗。姓巫。姓萬。姓薛。姓葛。

郭姓與金姓如下：姓金。姓周。姓呂。姓田。姓吉。姓張。姓高。姓白。姓商。姓簡。姓何。姓方。

程 姓

納音五行屬性為木。忌金姓、火姓。喜土姓、水姓。

若與金姓合夥或聯姻者：其人一生行事，無論職場應變或做事業，做生意時，總有心力不足之憾，就是臨門差一腳之嘆，運氣就是比人差，只能眼睜睜的看，暗自傷心而已。與人合夥則各懷心機做事，與人聯姻則各壞心事相處亦有之。

若與火姓合夥或聯姻者：一生行運則常做白工，火燒功德林之事，做任何事常遭人破壞且中傷，以及中途被攔截，事倍而功半，加上本身耐性與毅力均不足，沉不住氣的性情，與人合夥才會半途結束，與人聯姻更是走一半即結束亦有之。

若與土姓合夥或聯姻者：其人之耐力與毅力，則比別人強，能吃得了苦，忍受大環境的突然變化，也不會衝動，乃至能把握時機，一旦出手時，很少有失手或失敗者。乃為投資業高手矣！與人合夥也是如此，與人聯姻則成對方的偶像亦有之。

若與水姓合夥或聯姻者：其人的眼光則看得較遠，其人的心胸更是比別人寬闊，能包容別人不同的意見，只要有利於公司事業的，都會放手讓下屬去做，故很得人尊敬，與人合夥則能讓人信任，與人聯姻更讓人有安全感亦有之。

若與木姓合夥或聯姻者：則是其運勢為次吉也。

程姓與金姓如下：姓曹。姓伊。姓韶。姓嚴。姓鄧。姓仇。姓戚。姓雍。姓詹。姓施。姓齊。姓康。姓傅。姓邱。

程姓與火姓如下：姓鄭。姓孟。姓段。姓韓。姓年。姓熊。姓羅。姓尹。姓聶。姓盧。

程姓與土姓如下：姓薛。姓萬。姓董。姓苗。姓甘。姓卓。姓黃。

程姓與水姓如下：姓霍。姓雷。姓裴。姓翁。姓龍。姓羿。姓江。姓洪。姓游。姓胡。姓沈。姓汪。姓潘。

程姓與木姓如下：姓余。姓秦。姓陳。姓米。姓林。姓宋。姓黏。姓梅。姓徐。姓程。姓樂。姓柯。

黎姓

納音五行屬性為木。忌金姓、火姓。喜土姓、水姓。

若與金姓合夥或聯姻者：其人之光明運則會比較黑暗，因此讀書、求學、考試，則要比一般人辛苦許多，一生之生離死別，則會常遭遇，故離鄉背井也許是比較好的一條出路，免得樂極常生悲，與人合夥則要辛苦自己，與人聯姻則要更付出亦有之。

若與火姓合夥或聯姻者：則常會遭遇短暫的興盛運，來的快卻去得更快，尤其是財運更是如此，很難留住及守住，一生要比別人艱辛、勞累，但若出國深造或跨海事業則不在此限。與人合夥則要兩邊皆勞，與人聯姻也是如此亦有之。

若與土姓合夥或聯姻者：一生行運則看自己有多少付出，有多認真勤勞做事而定，也許有不少少不更事者，雖先享樂，但卻不知苦在後頭呢！此格乃為先苦後甘之行運矣！與人合夥時則要慎選人，與人聯姻時則是別人慎選你亦有之。

若與水姓合夥或聯姻者：則是枯木也能逢春之運，衰運有甘霖而降，傻人則有傻福之行運也。一分的努力，即有雙份之收穫，原因更在於肯負責任，有擔當之性情，故讓人放心也。與人合夥則能發揮其才，與人聯姻則能得到財富亦有之。

若與木姓合夥或聯姻者：則是其運勢為次吉也。

黎姓與金姓如下：姓曹。姓伊。姓韶。姓嚴。姓鄧。姓仇。姓戚。姓雍。姓詹。姓施。姓齊。姓康。姓傅。姓邱。

黎姓與火姓如下：姓鄭。姓孟。姓段。姓韓。姓年。姓熊。姓羅。姓尹。姓聶。姓盧。

黎姓與土姓如下：姓薛。姓萬。姓董。姓苗。姓甘。姓卓。姓黃。

黎姓與水姓如下：姓霍。姓雷。姓裴。姓翁。姓龍。姓羿。姓江。姓洪。姓游。姓胡。姓沈。姓汪。姓潘。

黎姓與木姓如下：姓余。姓秦。姓陳。姓米。姓林。姓宋。姓黏。姓梅。姓徐。姓程。姓樂。姓柯。

徐姓

納音五行屬性為木。忌金姓、火姓。喜土姓、水姓。

若與金姓合夥或聯姻者：一生行運，在事業上盡量不要與人合夥，另創業最好，做生意也一樣，以免招惹是非或惹禍上身，若是夫妻則要常鬧意見不合，乃至各自為政。與人合夥則是非爭議多，與人聯姻則要防患分離亦有之。

若與火姓合夥或聯姻者：其人則要訓練緩和之個性，做事不可操之過急，以及主觀的意識力，雖俠義心腸卻常會為自己招來麻煩，身體更要保養，以免隱疾病發。與人合夥則要精選對象，與人聯姻則門當戶不對亦有之。

若與土姓合夥或聯姻者：一生行運則可與人合夥，共創事業，借用個人專長，即可發揮事業，可以賺錢，家庭兩兼顧之行運也。若想擴充做大，亦可招賢納士，與人合夥則可以合作無間，與人聯姻則能同心協力亦有之。

若與水姓合夥或聯姻者：做人處事則比較有耐心，對人比較客氣，急中亦能生智，有許多朋友景仰，也結交多位知心好友，故人際關係特別好，能賺很多錢，增加財富收入。與人合夥則能擴充做大，與人聯姻則門當戶對皆大歡喜亦有之。

若與木姓合夥或聯姻者：則是其運勢為次吉也。

徐姓與金姓如下：姓曹。姓伊。姓韶。姓嚴。姓鄧。姓仇。姓戚。姓雍。姓詹。姓施。姓齊。姓康。姓傅。姓邱。

徐姓與火姓如下：姓鄭。姓孟。姓段。姓韓。姓年。姓熊。姓羅。姓尹。姓聶。姓盧。

徐姓與土姓如下：姓薛。姓萬。姓董。姓苗。姓甘。姓卓。姓黃。

徐姓與水姓如下：姓霍。姓雷。姓裴。姓翁。姓龍。姓羿。姓江。姓洪。姓游。姓胡。姓沈。姓汪。姓潘。

徐姓與木姓如下：姓余。姓秦。姓陳。姓米。姓林。姓宋。姓黏。姓梅。姓徐。姓程。姓樂。姓柯。

納音文字五行釋義前言

自姓名學相關書籍問世以來，在台灣也風行有一甲子了。其中文字五行由來，皆是藉由天干之順序而定。

十天干則由，甲、乙、丙、丁、戊、己、庚、辛、壬、癸排位順序，甲乙排位分佔一、二位東方位，屬木，再有陰陽之分，其餘類推，才造成文字筆劃，一劃為甲排位、為陽木，二劃為乙排位、為陰木。故命理師們依其準則，一直延用至今來論斷文字屬性，筆劃姓名學，極少人發現其不合邏輯的地方呢！

從河圖洛書來看，或由九宮八卦圖來看，就不難發現，筆畫姓名學被誤用一甲子，根本是謬論，或許曾經有高明，且有智慧的命理老師，發現不合邏輯的地方，只是苦無資料逐一印證，點破罷了。

納音五行文字靈動，依據六十甲子納音，及黃帝樂官——伶倫所創制十二律呂之音，及夏禹創立陰曆，結合律呂音階、音波，應用在六十甲子上，以利農民、百姓遵循，知節令變化，按節令種植蔬菜水果，或施以耕種收穫！六十甲子納音，演變成二十四節氣，在典章書冊《禮記・月令註》記載，天干與地支之釋義，乃知天命而為君子，不可不讀，不可不知的一件大事矣！

故筆者出八運姓名學（三）六十甲子納音文字一書，乃順天運而寫出文字五行歸類之奧秘，並不是筆者的主觀意識所杜撰，而是將常用或慣用部首、文字，以五行之方式寫出，提供世人對文字五行另一番認知，至於文字納音之起源與由來，筆者歡迎各位讀者共同學習文字納音。讓文字的美感更能呈現，減少文字所帶來的缺憾。至於本書中所介紹的文字納音，文字的靈動，文字的訊息奧秘等等，為保護筆者所有入門弟子權益，則恕難洩漏，敬請讀者見諒！

納音部首五形釋義

「一」：一部首。納音金。文字靈動為：喜愛漂亮的東西，貴氣中帶有雅氣，故依賴性比較強。

「丨」：一豎部首。納音金。文字靈動為：能言善道，旺盛的好勝心，剛毅中帶任性，故應收斂其傲氣。

「丶」：點部首。納音金。文字靈動為：能融會貫通，善解人意，個性踏實中帶有智慧，故很得長輩之緣。

「丿」：撇部首。納音金。文字靈動為：疑心病比較重，不容易相信他人。行事中帶有投機心，故常犯小人而受到傷害。

「乙」：乙部首。納音火。文字靈動為：容易得意忘形，主觀意識較重，謹慎中帶有粗心，容易受人影響。

「亅」：鈎部首。納音金。文字靈動為：喜歡展現才華能力強，對外交際能力不錯，固執中帶有自信心，故胸中常有成竹。

「二」：二部首。納音土。文字靈動為：對處理之事容易起心動念三心二意，受人煽動，受人左右。進行中常有半途而廢。

「亠」：唸頭音。納音金。文字靈動為：容易答應別人所託付之事，卻又容易反悔。挫折中帶有缺乏自我。故自信心不足。

「亻」：人部首。納音金。文字靈動為：喜歡獨來獨往，凡事皆要靠自己。孤獨中帶有自憐。

故獨立性強之人。

「儿」：唸「兒」部。納音火。文字靈動為：犧牲奉獻，燃燒自己、照亮別人。愛心中帶有慈悲。故為左右輔弼人才。

「入」：深入義。納音金。文字靈動為：喜歡探討深入研究。用深入簡出的方法表達事情。故智慧中帶有自信心。

「冂」：簡門義。納音金。文字靈動為：常給予他人方便，做事比較乾脆，做人比較簡單。不喜歡太複雜與交際生活。

「冖」：唸密音。納音土。文字靈動為：隱藏實力、大器晚成之人，沒有心機、敦厚中帶有智慧，替人打天下之命格。

「冫」：冰部首。納音水。文字靈動為：體弱多病，勞碌之命，冷酷中帶有熱情。一生行運則漂泊，寄人籬下之命。

「几」：几部首。納音火。文字靈動為：常給人方便，喜歡幫助人，情緒較難控制，衝動中帶有傻勁。

「凵」：凹部首。納音土。文字靈動為：常遭遇挫折，行事風波不斷，吉中帶險，險中又帶有吉之命格。

「刀」：刀部首。納音金。文字靈動為：刀為切割；天生體弱多病，容易遇到意外災害，干戈不斷。

「ㄌ」：力部首。納音金。文字靈動為：有勇無謀之人，個性容易衝動，耳根子軟，容易受人利用而不自知。

「ㄅ」：唸包音。納音金。文字靈動為：個性內向，才華洋溢，不鳴而已，一鳴則驚人，行事中帶有包容心。

「ㄈ」：匕部首。納音金。文字靈動為：容易犯小人傷害，身上傷痕累累，個性頑皮，叛逆心較強。

「ㄈ」：匚部首。納音土。文字靈動為：自卑心較重，比較無法承受壓力，遇困難會逃避現實，自我封閉。

「十」：十部首。納音土。文字靈動為：喜歡幻想陷入迷惑，意志力不堅定，容易受人左右。

「卜」：卜部首。納音金。文字靈動為：敏感度較強，做事有遠見，外交能力很好，能洞察先機之命格。

「ㄗ」：唸節音。納音金。文字靈動為：容易有礙手礙腳，有志難伸之象，小心處理感情風波，才免於遭逢傷害。

「ㄏ」：唸喊音。納音金。文字靈動為：個性隨和愛漂亮，外柔內剛的特質，一生行運容易意外連連，運勢不順。

「ㄙ」：唸私音。納音火。文字靈動為：做任何事皆會有頭有尾，有顧家之特性，但要注意感情三角關係，切記！

「又」：又部首。納音火。文字靈動為：有不錯的才藝技術，凡事自食其力，雙手萬能去完成，但是要注意朋友的背叛。

「口」：口部首。納音金。文字靈動為：伶牙俐齒，說話要謹言慎行，以免單純直爽得罪於人，適合當講師、辯論家為佳。

「土」：土部首。納音土。文字靈動為：個性直爽、沒有心機、勤勞踏實、基礎穩固，很得長輩看重。

「夕」：夕部首。納音火。文字靈動為：應善用成功興盛的機會，見好就收，切莫貪心躁進否則是非不斷。

「大」：大部首。納音火。文字靈動為：志向與志氣皆大，企圖心強，只想自立風格，頂天立地的個性。

「女」：女部首。納音火。文字靈動為：不急不緩的個性，持家有道注重家庭、以家為重，為最佳相夫教子之命格。

「子」：子部首。納音金。文字靈動為：依賴心比較強，也比較小孩子氣、好動，不喜歡靜的行業，常讓父母親操心。

「宀」：唸綿音。納音金。文字靈動為：做事肯負責任、顧家。有上進心，好好唸書，用心精進未來前途看好。

「寸」：寸部首。納音水。文字靈動為：做事謹慎有計劃，步步為營，節省自己，讓家人享受之格局。

「小」：小部首。納音水。文字靈動為：凡事基礎做起，循序漸進按部就班，不可一下子做大，才不致於失敗。

「尢」：唸汪音。納音火。文字靈動為：過於依賴另一半，甚至讓人受不了，其心性喜歡有成就感的對象。

「尸」：屍部首。納音火。文字靈動為：個性比較懶散，要注意不可養尊處優，否則老運不佳，孤寡之命也。

「山」：山部首。納音土。文字靈動為：地高為山，個性比較固執，屹立不搖。

「川」：川部首。納音水。文字靈動為：有擇善固執的個性。一旦決定就難以再改變，知心朋友則少矣！

「工」：工部首。納音土。文字靈動為：任勞任怨不辭辛勞的付出，慢工出細活，事業以合夥為佳，獨資辛苦難成大局。

「己」：己部首。納音火。文字靈動為：寬宏大量，有承擔能力，喜歡自己動手做事，不須假旁人之手幫助。

「巾」：巾部首。納音金。文字靈動為：美麗的外表，柔弱的內心，注重禮儀之人，若女性者，有機會成為巾幗英雄。

「干」：干部首。納音土。文字靈動為：身帶天命，有任務之人。故一生行運則受考驗，乃先苦後甘之人，勞碌之命格。

「幺」：幺部首。納音火。文字靈動為：做事細心，行事有時讓人感到窩心。有時扣人心弦，做事不按牌理出牌。

「广」：唸廠音。納音金。文字靈動為：合夥投資、擔保做證要小心，容易被陷害及傷害，事業可能前功盡棄。

「廴」：唸引音。納音金。文字靈動為：一生多為家庭、為事業在忙碌，賺錢容易，但缺乏管理能力，錢財流失也快。

「廾」：唸拱音。納音土。文字靈動為：吃菓子拜樹頭，飲水思源頭，今日的成就，乃他人相挺而成，若違反則會招致失敗。

「弋」：唸羿音。納音金。文字靈動為：一生的事業起浮不定，容易招來小人暗箭傷害，在結交朋友時要睜大眼睛。

「弓」：弓部首。納音金。文字靈動為：學習能屈能伸，剛柔並用，對長輩謙恭有禮，一生行運受長輩幫助。

「ヨ」：唸即音。納音金。文字靈動為：一生行運阻礙連連，風波挫折不斷。做事有條理、不心急、不衝動，才能逐一化解。

「彡」：唸三音。納音水。文字靈動為：清濁參半之行運，交益友為助力，交損友為阻力，認清事實才不會亂無章法。

「彳」：唸斥音。納音金。文字靈動為：缺乏膽識與勇氣，做事猶豫不前，行運好與壞參半，端看合夥對象是什麼類型。

「心」：心部首。納音金。文字靈動為：做事比較用心，但也常錯用人而傷心，屬於勞心多於勞力之行運。

「戈」：戈部首。納音火。文字靈動為：企圖心強，喜歡冒險，或走偏門之行業，適合軍警、醫生，不然吉轉凶之運。

「戶」：戶部首。納音火。文字靈動為：一生行運要注意多行不義必自斃之理。機關不可算盡，才不至於眾叛親離。

「手」：手部首。納音土。文字靈動為：才藝、技藝皆有發揮空間，靠雙手白手起家，屬於文武雙全之人。

「攵」：唸仆音。納音火。文字靈動為：做事容易半途而廢，三分鐘熱度之個性，須注意喜新厭舊，免得招來橫禍。

「**支**」：支部首。納音火。文字靈動為：獨來獨往的個性最適合獨資的生意，有支配慾念，而不喜歡被人支配之命格。

「**文**」：文部首。納音火。文字靈動為：重視倫理，缺乏社會經驗，又帶有傲氣，一生行運則有懷才不遇而嘆息。

「**斗**」：斗部首。納音金。文字靈動為：學習心強，學富五車博古通今，應增長智慧，而非小聰明。

「**斤**」：斤部首。納音金。文字靈動為：個性剛毅精銳，處理事情過於直接，容易傷害別人，行運及六親緣弱必須收斂。

「**方**」：方部首。納音金。文字靈動為：做事光明正大，不喜歡拐彎抹角，剛毅不服輸，自我管理能力強。

「**无**」：唸無音。納音火。文字靈動為：要注意自身修養，控制自我情緒，凡事不要斤斤計較，無名火一出則運勢轉弱。

「**日**」：日部首。納音金。文字靈動為：少年得志，做事光明磊落，不宜養尊處優，才不至於老運衰敗。

「**曰**」：曰部首。納音金。文字靈動為：多說好話，勸人為善，遭遇挫折不可有負面思想，其財運不請自來。

「月」：月部首。納音水。文字靈動為：做事比較保守，個性不會隨意衝動，能謹守本分，內向又帶有重重心事。

「木」：木部首。葉大之木。納音木。文字靈動為：缺乏主見，容易受人影響，為前人種樹後人乘涼之行運。

「木」：木部首。高大之木。納音木。文字靈動為：堅忍超拔意志力，可以養家糊口，白手起家之興盛之運。

「木」：木部首。雙木成林。納音木。文字靈動為：熱心公益，幫助別人，處事不會獨斷，很合群能接受別人建議，但稍鐵齒。

「木」：木部首。會結果可食之樹。納音木。文字靈動為：受人影響思想多變化，做事認真負責，為燃燒自己，照亮別人之格局。

「木」：木部首。可造景觀之樹。納音木。文字靈動為：雖受人照顧，但是行運總是懷才不遇。一生得遇貴人提拔才能成功。

「禾」：禾部首。垂柳之木。納音木。文字靈動為：有外柔內剛之個性，很有主見、也很有內涵，喜歡將耕讀作為人生之樂趣。

「欠」：欠部首。納音火。文字靈動為：體質柔弱，容易生病，一生行運很難離開債務問題，應特別小心處理。

「止」：止部首。納音火。文字靈動為：注重手足之情，勤勞做事，個性較為衝動，凡事應適可而止，才能平安。

「歹」：歹部首。納音火。文字靈動為：勿墜入偏門、做無本生意，以免厄運連連，總有一天遇到鬼。

「毋」：毋部首。納音金。文字靈動為：持家有道、做事敏捷、犧牲奉獻，一生為家庭付出，乃辛苦勞碌之格局。

「比」：比部首。納音金。文字靈動為：個性好強不服輸，容易得罪別人，一生行運遭小人暗害，意外血光之災。

「氏」：氏部首。納音火。文字靈動為：親人緣較薄，做事風格比較保守，顧家但無權，老實中帶鄉愿，與人無爭。

「气」：气部首。納音火。文字靈動為：做事姿態比較高，個性浮躁，耳根軟，容易受人煽動，應多修身養性。

「水」：氵部首。納音水。文字靈動為：個性比較細心、敏感，不喜歡一步登天，腳踏實地做事。

「水」：水部首。雙水合併。納音水。文字靈動為：廣結善緣，個性交游四海，重情重義、守財不易，要注意桃花劫。

「**水**」：水部首。納音水。文字靈動為：在個性能屈能伸，要注意水能載舟，亦能覆舟的道理，小心行駛萬年船。

「**水**」：三點橫向之水。納音水。文字靈動為：做事正大光明磊落，孝順父母，能得長輩幫助，若違反者行運轉衰。

「**雨**」：雨部首。納音水。文字靈動為：天降大任之人。一生行運考驗比較多，若能秉持通過考驗，則能成就一番事業。

「**火**」：火部首。納音火。文字靈動為：能力好官運亨通之格。行事則光明正大，不可逆天，否則遭遇很慘。

「**灬**」：火部首。納音火。文字靈動為：個性比較急燥，主觀行事果斷、喜面子，若能控制則官運亨通。

「**炏**」：火部首。納音火。文字靈動為：個性剛毅，注重禮儀之人，最討厭無禮之人，乃外柔內剛之形象與作風。

「**爪**」：爪部首。納音水。文字靈動為：白手起家之運，朝技術、技藝、手藝方面行業，則能展現才華，但個性孤僻。

「**爻**」：唸搖音。納音火。文字靈動為：個性比較被動，也比較好學，只可惜耐心不足，一生運勢吉凶參半。

「乂」：唸亦音。納音火。文字靈動為：很會保護自己，但是過度保護自我，受害傷心的是別人，應改變觀念。

「爿」：唸牆音。納音土。文字靈動為：要注意兄弟鬩牆，或朋友、合夥人土地糾紛。一生行運官訟之災。

「片」：片部首。納音土。文字靈動為：守財不易，不利投資事業，又不聽人勸，落得兩邊皆空，成為被追債之人。

「牙」：牙部首。納音火。文字靈動為：莫逞口舌之快，伶牙利齒得罪許多人而不知，一生行運貴人宮較暗之格局。

「牛」：牛部首。納音土。文字靈動為：默默耕耘不求回報，雖任勞任怨，但脾氣不是很好，故少惹生氣為妙。

「犬」：犬部首。納音火。文字靈動為：個性忠誠守本份，秉持人不犯我，我不犯人之原則，一旦招惹則是沒完沒了。

「玄」：玄部首。納音火。文字靈動為：有慈悲之心，喜歡幫助人，也喜歡幻想，外冷內熱之性情，有學者風範。

「玉」：玉部首。納音土。文字靈動為：須經過一番磨練，才會有發揮的餘地，一生行運則要嚐盡人情冷暖之事。

「瓜」：瓜部首。納音火。文字靈動為：須知因果循環的可怕。尤其在感情上，或債務上要小心處理，以免被害。

「瓦」：瓦部首。納音土。文字靈動為：應莫管他人閒事，以免惹禍上身。一生行運忌車怕水，事業以文藝或教師為佳。

「甘」：甘部首。納音金。文字靈動為：先甘後苦之運，少年得志，只是表面好看，應充實自己內在，加強實力。

「生」：生部首。納音土。文字靈動為：以和氣為生財之道，個性不可高傲、目中無人，多照顧弱勢，少貪圖享受。

「用」：用部首。納音土。文字靈動為：要注意行運受人利用，做事容易徒勞無功，雖勇敢但缺謀略，行事則要冷靜面對。

「田」：田部首。納音金。文字靈動為：有土斯有財，置產能致富，福報不錯，但須付出勞力，不可有一步登天想法。

「疋」：疋部首。納音土。文字靈動為：做事正派有思考能力，最厭惡反叛小人，嫉惡如仇，常嘆社會不公義。

「疒」：唸床音。納音水。文字靈動為：體弱多病的身體，財多體弱的行運，世人少用此部首命名。

「癶」：唸撥音。納音火。文字靈動為：有活潑可愛的一面，也能四兩撥千金，也有生氣潑辣，不怒而威的一面。

「白」：白部首。納音金。文字靈動為：有深沉不為人知的一面，內斂不隨意展露實力，心事更不會讓人知道。

「皮」：皮部首。納音火。文字靈動為：一生行運要注意意外傷害，及血光之災。童心未泯，頑皮活潑，自作聰明。

「皿」：皿部首。納音火。文字靈動為：一生行運血光意外傷害不斷，忌車怕水，不與人結怨，多做公益則化凶為吉。

「目」：目部首。納音金。文字靈動為：練就獨到眼光，才能步步皆贏，眼光不可過高，宜寬遠自然亨通。

「矛」：矛部首。納音金。文字靈動為：剛直木訥個性，做事缺乏信心，心中想法與做法，常會出現互相矛盾之象。

「矢」：唸史音。納音金。文字靈動為：小心暗箭傷害，小人是非紛爭不斷，做事不可莽撞，凡事多用些心思吧！

「石」：石部首。納音金。文字靈動為：在個性表現固執，身體容易結石、長瘤，事業、財運、感情行運皆會挫折不斷。

「示」：示部首。納音水。文字靈動為：與宗教信仰有緣，故宜修身養德，在行運上要預防小人與感情上的傷害。

「禸」：唸柔音。納音火。文字靈動為：有潛在的能力，一旦被激勵出來，則有一鳴驚人之勢，貴人運勢不錯。

「穴」：穴部首。納音金。文字靈動為：思想保守，遇事可以放得開，個性較為內向，屬悶騷及被動格局。

「立」：立部首。納音土。文字靈動為：個性表現獨立，靠自己奮鬥，腳踏實地做事，成家立業皆靠自己。

「竹」：竹部首。納音金。文字靈動為：行運若遇貴人助運，能步步高昇。能堅守志節，人際關係良好，適應能力良好。

「米」：米部首。納音木。文字靈動為：容易迷失方向，個性雖老實，心地雖然善良，但意志力不堅定，容易受人利用。

「糸」：糸部首。納音火。文字靈動為：做事細心，但太感情用事，反而容易被束縛，無法展露才華，行事內外皆不討好。

「缶」：缶部首。納音金。文字靈動為：個性固執，有主觀意識，更有先入為主之強勢作風，凡事太過於保護自己之性情。

「网」：唸網音。納音火。文字靈動為：做事不可大而化之，不可太相信人，否則一旦自投羅網，就很難有抽身的機會。

「羊」：羊部首。納音金。文字靈動為：孝順父母，有不服輸個性。出國深造行萬里路，讀萬卷書，貴人運、財運不錯。

「羽」：羽部首。納音水。文字靈動為：最佳輔弼人才，交際手腕高明，自視甚高、有自信心，喜愛乾淨之人。

「老」：老部首。納音土。文字靈動為：生離死別之行運特別多，能經過各樣的考驗，必能成就事業，老運勞碌之命。

「而」：而部首。納音火。文字靈動為：凡是注意小不忍則亂大謀，會攪亂一切，招來小人加害之行運。

「耒」：唸累音。納音木。文字靈動為：行運若能刻苦耐勞，總會有機會平步青雲，屬於有耕有得之運。

「耳」：耳部首。納音火。文字靈動為：耳根子太軟，做事容易自以為聰明，結果聰明反被聰明誤。注意腎臟、心臟疾病。

「聿」：唸育音。納音火。文字靈動為：行運能朝建築、學術界、體育方面去發展會有成功的機會，但注意意外傷害。

「肉」：肉部首。納音金。文字靈動為：結交朋友要注意，君子之交淡如水，小人之交甜如蜜，血氣方剛脾氣改一改。

「臣」：臣部首。納音金。文字靈動為：不適合自己創業，反到是老闆的左右手，輔弼人才，能得上司器重。

「自」：自部首。納音金。文字靈動為：靠自己能力白手起家，自謀生計，雖可白手起家，但不可功高蓋主，自以為是。

「至」：至部首。納音土。文字靈動為：慾望高，所涉獵的事物皆想征服，故有冒險之精神，勇往直前恆心、意志力。

「臼」：念舊音。納音木。文字靈動為：個性鐵齒頑固，喜歡提拔可造之才，常激勵下屬上進心，雖嚴厲但值得敬佩。

「舌」：舌部首。納音金。文字靈動為：巧言善變之個性，要注意口舌惹來是非，嘴巴說話甜一些，人緣一定不錯。

「舛」：喘音。納音火。文字靈動為：少年行運多舛，注意身體保養，尤其氣喘、中風、腦溢血之疾病。

「舟」：舟部首。納音金。文字靈動為：喜歡自由自在的生活，故中年以前都漂泊不定運勢，個性孤僻喜獨來獨往。

「艮」：艮部首。納音土。文字靈動為：做事應勇往直前，若遇上層層阻礙，則要停止腳步，平心靜氣，等待時機。

「色」：色部首。納音火。文字靈動為：喜歡美麗的事物不是不好，若是愛慕虛榮者，一生行運皆吉轉凶也。

「艸」：草部首。納音土。文字靈動為：一生運勢會隨者環境定吉凶，最怕遇風波挫折不斷，故應學習適應能力。

「虍」：唸呼音。納音金。文字靈動為：最忌三分鐘熱度，虎頭蛇尾的做事態度，若是馬馬虎虎者，其行運必定不佳。

「虫」：虫部首。納音金。文字靈動為：變化多端的行運，幸遇貴人相助可脫險，要注意身宮疾病變化，老年運勢欠佳。

「行」：行部首。納音金。文字靈動為：雖然勤勞做事，但個性比較被動，帶有些許的馬虎眼及敷衍了事的態度。

「衣」：衣部首。納音水。文字靈動為：愛美，愛買飾品衣物，雖帶有虛榮心，其氣質有明星氣派之運。

「西」：西部首。納音金。文字靈動為：一生行運衣食無憂，財雖多但不會理財，是不會守財之命格。

「見」：見部首。納音火。文字靈動為：須眼觀四面，耳聽八方，察言觀色，多傾聽別人聲音、意見，才能成就一番大業。

「角」：角部首。納音金。文字靈動為：做事不可鑽牛角尖，個性不宜太剛，不服輸，爭鬥，免遭小人暗箭所傷。

「言」：言部首。納音金。文字靈動為：不可巧言令色，可藉能言善道，從事生意、講師之行業，能發揮淋漓盡致。

「谷」：谷部首。納音火。文字靈動為：一生行運衣食無憂，愛家很會保護自己，比較內向，記得不可以驕傲。

「豆」：豆部首。納音金。文字靈動為：上進心強，學習能力很好，記憶力很好，可以自己當老闆，是一位領導者之格。

「豕」：唸屎音。納音水。文字靈動為：三分熱度，做事有頭無尾，無法快速適應現實環境，事業則十做九不成。

「貝」：貝部首。納音金。文字靈動為：美麗外表下，內在尚須磨練充實。有錢不一定能買到真感情，做人不可過於現實。

「赤」：赤部首。納音火。文字靈動為：靠自己赤手空拳打天下，有一個赤子之心，熱心公益，待人熱情，但脾氣欠佳。

「走」：走部首。納音土。文字靈動為：勤勞的工作，缺乏管理經驗。做事比較性急。行運要注意財務掌管、處理問題。

「足」：足部首。納音金。文字靈動為：應學習知足常樂。在社會上、在家庭裏是一位舉足輕重的人物。

「身」：身部首。納音火。文字靈動為：做人做事須小心謹慎，勿做人身攻擊，以免與人結怨，一生行運應以身作則。

「車」：車部首。納音金。文字靈動為：辛勤勞苦功高之人，做事講求時效，愛熱鬧，出門喜歡勞師動眾。

「辛」：辛部首。納音金。文字靈動為：辛苦付出先苦後甘，老運才會亨通，若是無法吃苦，則運勢風波不斷。

「辰」：辰部首。納音水。文字靈動為：行運容易受人影響，或遭遇波折變動，行運起伏差異很大之命格。

「辵」：唸挫音。納音金。文字靈動為：勞碌好動的性格，頭腦靈活，腦筋動得快，在設計與發明方面最佳。

「邑」：唸意音。納音金。文字靈動為：不能吃苦或怕承受壓力，行運就會每況愈下，甘願墮落，終至無法自拔。

「酉」：酉部首。納音金。文字靈動為：不可短視近利，凡事應見好就收，不可涉入風花雪月之場所，以免誤事也。

「釆」：唸辯音。納音木。文字靈動為：人生的際遇如冒險，所謂一步錯步步錯，就可能翻不了身，故應腳踏實地為原則。

「里」：里部首。納音土。文字靈動為：志在千里，不會為了一點小利而爭。是個深沉有智慧做大事之人。

「金」：金部首。納音金。文字靈動為：喜怒無常之個性，遇剛則剛、遇弱則柔，故行運上也容易受人利用。

「長」：長部首。納音金。文字靈動為：善於計畫學習一技之長，以應付多變的世局，應累積經驗等待機會，一鳴驚人。

「門」：門部首。納音金。文字靈動為：注重門風禮節之人，比較愛面子。生意方面可以經營門市，以利其收入。

「阜」：唸附音。納音金。文字靈動為：不經歷一番寒徹骨，哪得梅花撲鼻香。有堅定意志力，再往上衝刺創造另一高峰。

「隶」：唸歹音。納音火。文字靈動為：缺點容易被發現，被人吃的死死的。不會掌握機會，該留沒留，不該留的留一堆。

「隹」：隹部首。納音土。文字靈動為：保守經營方式，個性比較直率，思想單純善良，沒有心機也。

「青」：青部首。納音水。文字靈動為：注重情感，容易被感情所包袱，甚至於被傷害，失財失業又失身。

「非」：非部首。納音水。文字靈動為：做事比較沒有原則，容易是非不分惹來爭議，喜愛自由，喜歡演藝工作。

「面」：面部首。納音金。文字靈動為：注重體面之人，面子比什麼都重要。事業從事以麵食、餐飲為合適。

「革」：革部首。納音金。文字靈動為：是非分明，知錯能改之人。對人有禮，只可惜作風直率，一生樹立小人、敵人太多。

「韋」：韋部首。納音火。文字靈動為：作風比較強勢，可惜只有三分鐘熱度，一旦遭遇挫折，就會半途放棄。

「韭」：唸韭音。納音水。文字靈動為：有堅毅的忍耐力，遇到阻礙時，則會想方法解決，故人際關係以和為貴。

「音」：音部首。納音金。文字靈動為：對於聲納音波，有特別感受力，適合往音樂或演藝、媒體、傳播行業發展。

「頁」：頁部首。納音金。文字靈動為：有順從父母孝心，也有上進心，但是遇到挫折時，容易心煩，忍耐心不足。

「風」：風部首。納音火。文字靈動為：有好動漂泊，不願受拘束，情緒表現不穩定，風波不斷，一生行運起伏很大。

「飛」：飛部首。納音火。文字靈動為：不拘小節，個性豪爽，喜歡自由自在，適合往飛行、演藝、歌唱事業發揮專才。

「食」：食部首。納音金。文字靈動為：有衣食無憂之運，但得辛苦勞碌之命格，事業適合以餐飲業為佳。

「首」：首部首。納音金。文字靈動為：思想敏捷，頭腦變化很快，聰明領悟力很強，有領導之格，可獨自創業。

「香」：香部首。納音木。文字靈動為：心思細膩，察言觀色，異性緣與人際關係特別好，充實內在則顯貴。

「馬」：馬部首。納音火。文字靈動為：心性較為狂野，一生行運得貴人相助，則能馬到功成，注意欲速則不達。

「骨」：骨部首。納音金。文字靈動為：個性比較內向，但卻很有骨氣，不會隨意向人低頭，注意有骨肉相鬥之靈動。

「**高**」：高部首。納音金。文字靈動為：眼光過高個性比較孤傲，難以群居生活，故須多磨練，才不至於懷才不遇。

「**髟**」：唸標音。納音水。文字靈動為：個性表現出比較怪癖，行事逆向操作，作風創新，故一生行運吉凶起伏最大。

「**鬥**」：鬥部首。納音金。文字靈動為：口氣尖銳不服輸，言多必失好爭鬥，一生行運毀譽參半，樹立敵人來暗害。

「**鬯**」：唸唱音。納音火。文字靈動為：心煩鬱鬱寡歡心難開，積勞成疾之命格，故應多行公益，修身養性來助運。

「**鬲**」：唸隔音。納音土。文字靈動為：有開發設計的潛力，歷經考驗與磨練，其潛力自然發揮而成功。

「**鬼**」：鬼部首。納音火。文字靈動為：有自作聰明的習性，也因此常常聰明反被聰明誤，因而損失許多財富。

「**鳥**」：鳥部首。納音火。文字靈動為：喜歡大自然，無拘無束的感覺，事業適合以演藝，或者靠嘴說話行業，則有不錯收入。

「**鹿**」：鹿部首。納音火。文字靈動為：一生行運容易與人意見不和，合夥事業不會太久，注意遭逢意外災害。

「麥」：麥部首。納音木。文字靈動為：燃燒自己照亮別人之運，喜愛面子，聽好話，耳根子太軟，老運則病疾纏身。

「麻」：麻部首。納音木。文字靈動為：與六親緣弱，挫折風波不斷，容易遇上麻煩事之運勢，勞碌命之運也。

「黃」：黃部首。納音土。文字靈動為：有容乃大之量，喜歡照顧部屬，與弱勢團體，但千萬不可涉入八大行業。

「黍」：唸屬音。納音木。文字靈動為：君子有成人之美，有扶助人成功之雅量，為人和氣善良，故一生財運豐裕也。

「魚」：魚部首。納音火。文字靈動為：喜歡優遊自在的生活，喜歡新鮮美食，一生注意疾病的變化。

「黑」：黑部首。納音火。文字靈動為：默默行善，遇事則有啞巴吃黃蓮，有苦難言之行運，老運則偏重身體保養。

「黹」：唸指音。納音金。文字靈動為：要多訓練耐心與毅力，生活不可隨意浪費，須知一針一線得來不易之道理。

「黽」：唸民音。納音金。文字靈動為：須注意財務被套牢的行運，不可讓人牽著鼻子走，沒有一點主見。

「鼎」：鼎部首。納音火。文字靈動為：投資經營不可與人合夥，雖有改革創新之想法，卻無法讓人苟同之命格。

「鼓」：鼓部首。納音火。文字靈動為：有志氣高昂的鬥志，也有鼓動群眾的魅力，若以餐飲為主業則生意興隆。

「鼠」：鼠部首。納音火。文字靈動為：頭腦聰明、記憶力強，行事若依天道而行，光明正大的話前途無可限量。

「鼻」：鼻部首。納音金。文字靈動為：敏感力雖強，但缺乏自信心。一生的行運要注意財務投資問題，以免徒勞無功。

「齊」：齊部首。納音金。文字靈動為：做事情不可納入情緒，凡事見賢思齊，同心齊力，不可各自為政否則很難成功。

「齒」：齒部首。納音火。文字靈動為：心地善良，但伶牙俐齒不認輸，雖能言善辯，個性鐵齒，不隨意低頭。

「龍」：龍部首。納音火。文字靈動為：有善變的情緒，捉摸不定的心思，主觀意識太強，好大喜功則招來失敗之運。

「龜」：龜部首。納音金。文字靈動為：有慢工出細活的個性，做事則不願縮頭縮尾，有一股強而有力之毅力。

「龠」：唸悅音。納音金。文字靈動為：文藝與才藝皆出眾，但是體質較弱，容易感冒多病，故以身體養護為重。

語跋

夫人類始生，善惡功過蓋已積累數千年矣！距今二千五百餘載，尚有聖人佛陀設教，欲樹教育淨化人心，使眾善知識得秉承戒律修身、淨口。尤佛陀授記，凡遵循正道而修者，皆可引渡西方、或修成正果，永不輪迴乎！

直至佛陀「涅槃」，眾生不可得授記於彼，遂感生不逢時之苦，其因乃眾生惡業過重，無力再渡，任惡業因果循環而報，亦是聖人所云。待行運八運，乃大清算時，使天下亂、奸言起、天災人禍不斷矣！屆時將君臣不分、父子亂倫、子女忤逆、男不男、女不女，黃風霧罩而不自省。

幸賴天好生而未降喪，其存善念者，因緣得見此書，知「姓名」文字授記，聞其名、驅其凶，一切導因於姓名裏。文字奧秘，非盲從筆劃、生肖而亂于名也。

余憶十載前，與家長友人相偕至成功嶺探訪受召學士，後常嘆於舍下，吾國之光將滅矣，原兵者十人中，腴者二三人，濛者二四人。果不然，一日獲訊，十數乘醫用車駕魚貫而入成功嶺，尚忖其暈厥係酒食不潔所招，孰料竟為行軍之習矣，嗟哉爾輩，望天佑台灣罷。

事隔十載至今，見太陽花學運，與台北地方首長柯P之景，復讓方寸之中迴光於民，何以若此戚戚於心？原此景相仿於十載前之命理界，自恃其窺而居為大師者比比皆是，又尤以姓名學中，汲營者為最，門類者亦為最，誤令眾生迷信於此道，只當改名即可順遂發達，卻未思其義。「心態不改變，改甚麼名字皆無效」。此為筆者素日肺腑之言。

然近年，終有眾位以師稱於命理界者，加註姓名學乃與文字脫離不了干係，證六書倉頡造字之原理於網站。姑且不論其真知之與否，此情此景猶可激發有智者深省，非動輒更名即可順遂發達一生，豈非此邪？

姓名之真義，存乎文字、和於納音、配於百家。離此義者，非旦難更其心性，尚恐招致禍端，噫！其心不變，性豈可更，仍因襲過往氣燄，善知無孔可入而教，遑論其運途轉善耳？不欲眾善源管窺受害，望徜徉得益於文字、聲波、納音箇中奧妙，轉「姓名學」成「性明學」，即「明心見性之學」，乃筆者所盼之。

設宴賜教預約電話：0932774612

西元二〇一五年二月四日

農曆立春日寫於桃園倉頡文字學院

校稿：

張福權（0938-036537）

彭睿築（0912-821869）

鄭東敬（0939-505042）

張政棋（0926-628444）

國家圖書館出版品預行編目資料

八運姓名學 第三冊 / 謝宗和著

--初版-- 臺北市：博客思；2015. 7 面；公分--（星象命理2）

ISBN 978-986-5789-54-1(平裝)

1.姓名學

293.3 104005679

星象命理 2

八運姓名學 第三冊

作　　者：謝宗和
執行編輯：張加君
美　　編：謝杰融
封面設計：謝杰融
出 版 者：博客思出版事業網
發　　行：博客思出版事業網
地　　址：台北市中正區重慶南路1段121號8樓之14
電　　話：(02)2331-1675或(02)2331-1691
傳　　真：(02)2382-6225
E—MAIL：books5w@yahoo.com.tw或books5w@gmail.com
網路書店：http://www.bookstv.com.tw 、華文網路書店、三民書局
http://store.pchome.com.tw/yesbooks/
博客來網路書店 http://www.books.com.tw
總 經 銷：成信文化事業股份有限公司
劃撥戶名：蘭臺出版社 帳號：18995335
香港代理：香港聯合零售有限公司
地　　址：香港新界大蒲汀麗路36號中華商務印刷大樓
C&C Building, 36,Ting, Lai, Road, Tai,Po, New,Territories
電　　話：(852)2150-2100　傳真：(852)2356-0735
總 經 銷：廈門外圖集團有限公司
地　　址：廈門市湖裡區悅華路8號4樓
電　　話：86-592-2230177　傳 真：86-592-5365089
出版日期：2015年 7 月 初版
定　　價：新臺幣280元整（平裝）
ISBN：978-986-5789-54-1(平裝)